定期テスト **ズバリよくでる** 英語 1年 開隆堂版 SUNSHINE ENGLISH COURSE 1

もくじ

取り外してお使いください 赤シート+直前チェックBOOK,別冊解答

※全国の定期テストの標準的な出題範囲を示しています。学校の学習進度とあわない場合は,「あなたの学校の出題範囲」欄に出題範囲を書きこんでお使いください。

教科書 pp.7-19

Step 1 基本チェック Get Ready ～ PROGRAM 0

5分

赤シートを使って答えよう！

❶ [英語の自己紹介] [ ]内から適切な語を選ぼう。

解答欄

- □❶ My [birthday / name] is Mao.　❶
- □❷ [I / My] like tennis.　❷

❷ [アルファベット] 指示された文字を書こう。

- □❶ Bの小文字 b　□❷ Dの小文字 d
- □❸ Qの小文字 q　□❹ eの大文字 E
- □❺ gの大文字 G　□❻ rの大文字 R

❶ ❷ ❸ ❹ ❺ ❻

❸ [つづり字と発音]

下線部が同じ発音なら○，違う発音なら×を書こう。

- □❶ <u>c</u>at [○] <u>k</u>ettle
- □❷ ma<u>th</u> [○] <u>th</u>ree
- □❸ <u>l</u>emon [×] <u>r</u>ed

❶ ( ) ❷ ( ) ❸ ( )

POINT

❶ [英語の自己紹介]

- My name is Ito Yukiko. [私の名前は伊藤由紀子です。]　＊名前はI am Ito Yukiko.と言ってもよい。
- My birthday is December 20. [私の誕生日は12月20日です。]　←誕生日の言い方。
- I like omelet. [私はオムレツが好きです。]　←好きなものの言い方。
- I want to join the volleyball team.　←I want to ～. で「～したい」という意味。
  [私はバレーボールチームに入りたいです。]

❷ [アルファベット]名前読みと音読み(発音)がある。　＊赤字は母音(あいうえおに似た音)。黒字は子音。

- 〔大文字〕 A B C D E F G H I J K L M N O P Q R S T U V W X Y Z
- 〔小文字〕 a b c d e f g h i j k l m n o p q r s t u v w x y z

❸ [つづり字と発音]英語には日本語にはない発音がある。

- r / l　rは口のまん中で舌先を立てる。lは舌先を上の歯の裏につける。日本語のラ行と区別する。
- f / v　fとvは下くちびるを上の歯に当てる。日本語のハ行・バ行と区別する。
- three にごらない音。　this にごる音。thは舌先を歯で軽くはさむ。日本語のサ行・ザ行と区別する。

ズバリよくでる 直前 チェックBOOK

テストにズバリよくでる!
重要単語・重要文を掲載!

英語

開隆堂版

1年

赤シートで何度でも!

PROGRAM 1 友だちを作ろう ～ Word Web 1

教 pp.21～28

✓重要語チェック 英単語を覚えましょう。

[PROGRAM 1]

□まあ，おお，ああ	間	oh
□生徒，学生	名	student
□恥ずかしがりの	形	shy
□消防士	名	firefighter
□親しみやすい	形	friendly
□アメリカ合衆国	名	the U.S.
□ニュージーランド	名	New Zealand
□ちょうど，まさに	副	just
□話す	動	talk
□ほんとうに	副	really
□役に立つ	形	helpful
□問題	名	problem
□王	名	king
□王子	名	prince
□王女	名	princess
□妖精	名	fairy
□～の	前	of
□けもの	名	beast
□天使	名	angel
□超人，スーパーマン	名	superman
□ファン，熱烈な支持者	名	fan
□活発な	形	active
□明るい，元気のよい	形	cheerful
□注意深い	形	careful
□正直な	形	honest
□ていねいな，礼儀正しい	形	polite
□かしこい，頭の切れる	形	smart
□おかしな	形	funny
□まじめな	形	serious
□静かな，おとなしい	形	quiet

[Word Web 1]

□ゼロ(の)	名形	zero
□1(の)	名形	one
□2(の)	名形	two
□3(の)	名形	three
□4(の)	名形	four
□5(の)	名形	five
□6(の)	名形	six
□7(の)	名形	seven
□8(の)	名形	eight
□9(の)	名形	nine
□10(の)	名形	ten
□11(の)	名形	eleven
□12(の)	名形	twelve
□13(の)	名形	thirteen
□20(の)	名形	twenty
□21(の)	名形	twenty-one
□99(の)	名形	ninety-nine
□100(の)	名形	one hundred
□1000(の)	名形	one thousand
□10000(の)	名形	ten thousand
□ドル(貨幣単位)	名	dollar
□電話	名	phone
□数字，番号	名	number

教pp.21~28

重要文チェック 日本語を見て英文が言えるようになりましょう。

[PROGRAM 1]

□私は亜美です。	I am Ami.
□私は亜美ではありません。	I am not Ami.
□あなたは亜美です。	You are Ami.
□あなたは亜美ではありません。	You are not Ami.
□あなたは新入生ですか。	Are you a new student?
—はい，そうです。	—Yes, I am.
□あなたはアメリカ合衆国の出身ですか。	Are you from the U.S.?
—いいえ，違います。	—No, I'm not.
□私はアメリカ合衆国の出身ではありません。	I'm not from the U.S.
□あなたはどこの出身ですか。	Where are you from?
—私はニュージーランドの出身です。	—I'm from New Zealand.
□(初対面の人に)お会いできてうれしいです。	Nice to meet you.
—こちらこそお会いできてうれしいです。	—Nice to meet you too.
□私は1－Aです。	I'm in 1-A.
□あなたは親しみやすいです。	You're friendly.
□あなたは活発ではありません。	You're not active.
□私は公園に行きたいです。	I want to go to the park.
□すみません。	Pardon me?
□まあ，ほんとうに？	Oh, really?
□私もです。	Me too.
□行きましょう。	Let's go.
□話してくれてありがとう。	Thanks for talking.

PROGRAM 2 1-Bの生徒たち ～ アクションコーナー

教 pp.29～38

重要語チェック 英単語を覚えましょう。

[PROGRAM 2]

□軽食，おやつ	名 snack
□毎～，～ごとに	形 every
□自転車	名 bike
□～のあとに[で]	前 after
□栽培する，育てる	動 grow
□しばしば	副 often
□登る	動 climb
□週末	名 weekend
□(時を表して)～より前に	前 before
□夕食	名 dinner
□(絵を)描く	動 draw
□絵，写真	名 picture
□うわー	間 wow
□(本などを)パラパラめくること	名 flip
□～の間に	前 during
□休憩	名 break
□明日(は)	副 tomorrow
□テレビゲーム	名 video game
□夜	名 night

[アクションコーナー]

□閉じる，閉める	動 close
□いくらかの，いくつかの	形 some
□開ける，開く	動 open
□歌	名 song
□さわる	動 touch
□書く	動 write

重要文チェック 日本語を見て英文が言えるようになりましょう。

[PROGRAM 2]

□私はリンゴを持っています。	I have an apple.
□私はリンゴを持っていません。	I do not have an apple.
□あなたはリンゴが好きですか。	Do you like apples?
—はい，好きです。	—Yes, I do.
□私はリンゴがとても好きです。	I like apples very much.
□あなたはピアノをひきますか。	Do you play the piano?
—いいえ，ひきません。	—No, I don't.
□あなたはいつ野球をしますか。	When do you play baseball?
—私は毎日野球をします。	—I play baseball every day.

教 pp.29～38

□あなたはどこで野球をしますか。	Where do you play baseball?
一公園でです。	—In the park.
□私は昼休みの間にバスケットボールをします。	I play basketball during lunch break.
□私は放課後にテニスをします。	I play tennis after school.
□私は夕食より前に勉強します。	I study before dinner.
□私はときどき午前中に私の部屋を掃除します。	I sometimes clean my room in the morning.
□私は午後に英語を勉強します。	I study English in the afternoon.
□私は夜に音楽を聞きません。	I don't listen to music at night.
□私は週末に山に登ります。	I climb mountains on weekends.
□私のノートを見て!	Look at my notebooks!
□あなたに質問があります。	I have a question for you.
一いいですよ。	—Sure.
□明日いっしょにバスケットボールをしましょう。	Let's play basketball together tomorrow.
一はい，しましょう。	—Yes, let's.
□あなたはどうですか。	How about you?
□私は夕食のあとでふろに入ります。	I take a bath after dinner.
□私は週末に買い物に行きます。	I go shopping on weekends.

[Word Web 2]

□今日は何曜日ですか。	What day is it today?
一今日は水曜日です。	—It's Wednesday.
□今日は何曜日ですか。	What day of the week is it today?
一今日は木曜日です。	—It's Thursday.
□今日の天気はどうですか。	How's the weather today?
一今日は晴れです。	—It's sunny.

[アクションコーナー]

□あなたの名前を書きなさい。	Write your name.
□電話にさわってはいけません。	Don't touch your phone.

PROGRAM 3 タレントショーを開こう ～ Power-Up 1

教pp.39～52

重要語チェック 英単語を覚えましょう。

[PROGRAM 3]

□それでは，それなら 副then
□巻いたもの 名roll
□キロメートル 名kilometer
□スキーをする 動ski
□中国語[人] 名Chinese
□おじ 名uncle
□おば 名aunt
□いとこ 名cousin
□スケートをする 動skate
□ギター 名guitar
□(疑問文で)何か，いくつか 形any
□才能のある人，タレント 名talent
□見世物，番組，ショー 名show
□行う，演じる 動perform
□～といっしょに 前with
□級友，クラスメート 名classmate
□アメリカ(人)の 形American
□ダンサー 名dancer
□バシリスク(動物の名) 名basilisk
□彼ら[彼女ら，それら]の 代their
□タコ 名octopus
□変える 動change
□コアラ 名koala
□つかまえる 動catch
□ロボット 名robot
□守る 動keep
□秘密 名secret

[Steps 2]

□ジェーポップ 名J-pop
□(サッカーで)中盤の選手，ミッドフィールダー 名midfielder
□みなさん，だれも，みな 代everyone
□大好きである，愛する 動love

[Our Project 1]

□彼女の 代her
□コンサート 名concert

[Power-Up 1]

□チーズバーガー 名cheeseburger
□パイ 名pie
□大きい，広い 形large
□ジンジャーエール 名ginger ale
□コーラ(飲み物の名) 名cola
□中間(の) 名形medium
□大きさ，サイズ 名size
□または，それとも，～か 接or
□食事 名meal
□店員 名clerk
□セント(アメリカなどの貨幣単位) 名cent

教 pp.39~52

重要文チェック 日本語を見て英文が言えるようになりましょう。

[PROGRAM 3]

□私はカレーを料理できます。	I can cook curry.
□私はカレーを料理できません。	I can't[cannot] cook curry.
□あなたはカレーを料理できますか。	Can you cook curry?
―はい，できます。	―Yes, I can.
□あなたはピアノがひけますか。	Can you play the piano?
―いいえ，ひけません。	―No, I can't.
□あなたは何を作ることができますか。	What can you make?
―私はサラダを作ることができます。	―I can make salad.
□ショーを楽しみましょう。	Let's have fun at the show.
□あなたはすばらしい時を過ごすことができます。	You can have a great time.
□コアラは木から木へと跳ぶことができます。	Koalas can jump from tree to tree.
□私のロボットは私の部屋を掃除することができます。	My robot can clean my room.

[Power-Up 1]

□こちらでめしあがりますか，お持ち帰りになりますか。	For here or to go?
―こちらでお願いします。	―For here, please.
□あなたに何をさしあげましょうか。	What can I get for you?
―Mサイズのコーラをいただいてもよいですか。	―Can I have a medium cola, please?
□それはいくらですか。	How much is it?
―5ドル20セントです。	―Five dollars and twenty cents, please.
□はい，どうぞ。	Here you are.
―ありがとう。	―Thank you.

教pp.53〜60

✓重要語チェック 英単語を覚えましょう。

[PROGRAM 4]

□文化 名culture
□鳥 名bird
□ドローン 名drone
□せっけんポンプ 名soap pump
□押す 動push
□ペーパーナイフ 名paper knife
□持つ，つかむ 動hold
□(コードの)プラグ，差し込み 名plug
□(手の)指 名finger
□穴 名hole
□役に立つ 形useful
□修正ペン 名correction pen
□女性，女の人 名woman
□アンドロイド，人造人間 名android
□本物の 形real
□人，個人 名person
□ほほえむ，笑う 動smile
□タオル 名towel
□走者，ランナー 名runner
□男性，男の人 名man
□(テニスなどの)コート，中庭 名court
□棒状の物 名stick
□〜の中へ[に] 前into
□すずり 名inkstone
□こする 動rub
□仕事 名work
□(時間などを)省く 動save
□型，類，タイプ 名type
□取りふだ 名grabbing card
□歌人，詩人 名poet
□ライオン 名lion
□カンガルー 名kangaroo
□ゾウ 名elephant
□getの過去形 動got
□答え 名answer
□丸い 形round
□野菜 名vegetable
□灰色(の) 名形gray
□しっぽ 名tail
□森 名forest

[Power-Up 2]

□だれの 代whose
□これらは「が」 代these
□私のもの 代mine
□どの，どちらの 形which
□あなたのもの 代yours
□両方 代both
□明るい 形light
□ほかの 形other
□欠席の 形absent

教pp.53～60

重要文チェック 日本語を見て英文が言えるようになりましょう。

[PROGRAM 4]

□これは鳥です。	This is a bird.
□これは鳥ではありません。	This is not a bird.
□これは鳥ですか。	Is this a bird?
—はい，そうです。	—Yes, it is.
□あれはドローンですか。	Is that a drone?
—いいえ，違います。	—No, it isn't.
□あれは何ですか。	What's that?
—それは墨です。	—It's an ink stick.
□あの女性はだれですか。	Who is that woman?
—彼女はアンです。	—She is Ann.
□彼女はあなたの姉[妹]ですか。	Is she your sister?
—はい，そうです。	—Yes, she is.
□彼女はロンドン出身ですか。	Is she from London?
—いいえ，違います。	—No, she isn't.
□彼女は私の母ではありません。	She's not my mother.
□こちらはケンです。	This is Ken.
□なるほど。	I see.
□わかった！	I got it!
□そのとおりです。	That's right.

[Power-Up 2]

□どちらのペンがあなたのものですか，青色のものですか，それとも赤色のものですか。	Which pen is yours, the blue one or the red one?
—赤いものです。	—The red one is.
□もう一つのペンはだれのものですか。	Whose pen is the other one?
—それはミカのものです。	—It's Mika's.
□これらはだれのカードですか。	Whose cards are these?
—それらは私のものです。	—They are mine.

PROGRAM 5 The Junior Safety Patrol ～ Word Web 3

教pp.61～68

重要語チェック 英単語を覚えましょう。

[PROGRAM 5]

□doの変化形	助動does
□料理	名cooking
□家族	名family
□韓国・朝鮮語［人］	名Korean
□アイスホッケー	名ice hockey
□選手	名player
□おじいさん	名grandpa
□ああ	間ah
□同じ	形same
□仕事	名job
□(通例複数形で)くつ	名shoe
□着ている	動wear
□今日では，近ごろ	副nowadays
□一員，メンバー	名member
□誇りをもっている	形proud
□重要な，大切な	形important
□haveの変化形	動has
□旅行をする	動travel
□外国へ［に］	副abroad
□自転車	名bicycle
□クロスワードパズル	名crossword puzzle

[Word Web 3]

□季節	名season
□(年月の)月	名month

重要文チェック 日本語を見て英文が言えるようになりましょう。

[PROGRAM 5]

□彼はサッカーをします。	He plays soccer.
□彼は野球をしません。	He doesn't play baseball.
□彼はテニスをしますか。	Does he play tennis?
—はい，します。	—Yes, he does.
□彼はアイスホッケーをしますか。	Does he play ice hockey?
—いいえ，しません。	—No, he doesn't.
□彼らは通学路巡視員です。	They're the Junior Safety Patrol.
□彼は毎朝通りに立ちます。	He stands on the street every morning.
□彼は生徒を見守るのですね。	He watches students, right?
□ここでくつをぬぎなさい。	Take off your shoes here.
□彼らは家でくつをはきません。	They don't wear shoes at home.
□彼女は自分の仕事を誇りに思っています。	She is proud of her job.

PROGRAM 6 The Way to School ～ Word Web 4

教pp.69～78

☑重要語チェック 英単語を覚えましょう。

[PROGRAM 6]

□道，方法	名way
□彼を[に]	代him
□うん，そう	間yeah
□探偵	名detective
□怪獣，モンスター	名monster
□海賊	名pirate
□すべての人，だれでも	代everybody
□(時間が)早く	副early
□そこで[に，へ]	副there
□映画	名movie
□教える，言う	動tell
□1時間，時間	名hour
□彼の，彼のもの	代his
□キリン	名giraffe
□～の向こうに	前beyond
□彼ら[彼女ら，それら]を[に]	代them
□～を横切って，～を越えて	前across
□サバンナ	名savanna
□すばらしい	形amazing
□危険な	形dangerous
□襲う，攻撃する	動attack
□child(子ども)の複数形	名children
□子ども	名child
□親	名parent
□祈る	動pray
□無事，安全	名safety
□見つける	動find
□(疑問文で)何か	代anything
□作家	名writer
□指導者	名leader
□ミュージシャン，音楽家	名musician
□運動選手，アスリート	名athlete
□彼女のもの	代hers
□それの	代its
□私たちのもの	代ours
□彼ら[彼女ら，それら]のもの	代theirs

[Power-Up 3]

□許す	動excuse
□階	名floor
□ハンバーガー	名burger
□職員，スタッフ	名staff
□情報	名information
□(施設としての)センター	名center
□エスカレーター	名escalator
□隣の	形next

[Power-Up 4]

□すぐの，即時の	形instant
□カメラ	名camera
□たやすく，手軽に	副easily
□スイッチを入れる	動switch
□分かち合う	動share
□壁	名wall
□逃す	動miss
□今(は)，現在(では)	副now

PROGRAM 6 The Way to School ~ Word Web 4

教 pp.69~78

重要文チェック 日本語を見て英文が言えるようになりましょう。

[PROGRAM 6]

□私は彼を知っています。	I know him.
□これは彼の写真です。	This is his picture.
□この写真は彼のものです。	This picture is his.
□私たちは彼女が好きです。	We like her.
□あれは彼女の自転車です。	That is her bike.
□あの自転車は彼女のものです。	That bike is hers.
□彼らは私たちを知っています。	They know us.
□これは私たちの学校です。	This is our school.
□この学校は私たちのものです。	This school is ours.
□彼女は彼らが好きです。	She likes them.
□これらは彼らの本です。	These are their books.
□これらの本は彼らのものです。	These books are theirs.
□なぜ彼女が好きなのですか。	Why do you like her?
—なぜなら彼女は親切だからです。	—Because she is kind.
□彼はいつも早く起きます。	He always gets up early.
□サバンナは危険だよね。	The savanna is dangerous, you know.
□まさか！	No way!

[Power-Up 3]

□すみませんが，駅はどこですか。	Excuse me, but where is the station?
□コンビニエンスストアの隣です。	It's next to the convenience store.
□どうもありがとうございます。	Thank you very much.
—どういたしまして。	—You're welcome.

[Power-Up 4]

□カメラのスイッチを入れて。	Switch on the camera.

[Word Web 4]

□今日は何日ですか。	What's the date today?
—10月１日です。	—It's October 1.

教 pp.79～94

重要語チェック 英単語を覚えましょう。

[PROGRAM 7]

□研究	名 research
□越えて	副 over
□～の近くの[に]	前 near
□あれら[それら]の	形 those
□博物館	名 museum
□橋	名 bridge
□ショッピングモール，(歩行者専用の)商店街	名 shopping mall
□大学	名 college
□いっぱいの，満ちた	形 full
□何か	代 something
□来る，(相手のいる方向へ)行く	動 come
□少し(は)	副 little
□遠くに	副 far
□電車，列車	名 train
□自動車	名 car
□世界遺産	名 World Heritage Site
□場所	名 site
□例	名 example
□～もまた，さらに	副 also
□独特な	形 unique
□バーベキュー	名 barbecue
□～に聞こえる	動 sound
□クリスマス	名 Christmas
□パーティー	名 party
□ジェットスキー	名 jet ski
□波乗り板,サーフボード	名 surfboard
□いつか	副 someday
□確かめる	動 check
□蛍光ペン	名 highlighter
□ボールペン	名 ballpoint pen
□シャープペンシル	名 mechanical pencil
□飛行機	名 plane
□(大型の)船	名 ship

[Steps 3]

□理由	名 reason
□話題，トピック	名 topic
□外は[で，に]	副 outside
□生活，人生	名 life
□田舎，郊外，国	名 country

[Our Project 2]

□学ぶ，習う	動 learn
□たくさん	名 lot
□もの，こと	名 thing
□教える	動 teach
□演説，スピーチ	名 speech
□意見，コメント	名 comment

[Power-Up 5]

□意味する	動 mean
□1世紀，100年	名 century
□言語，言葉	名 language

PROGRAM 7 Research on Australia ~ Power-Up 5

教 pp.79～94

重要文チェック 日本語を見て英文が言えるようになりましょう。

[PROGRAM 7]

□私の町には公園があります。	There is a park in my town.
□私の町には2つの公園があります。	There are two parks in my town.
□私の町には公園が1つもありません。	There are not any parks in my town.
□あなたの町には公園がありますか。	Are there any parks in your town?
—はい，あります。	—Yes, there are.
□あそこに花屋がありますか。	Is there a flower shop over there?
—いいえ，ありません。	—No, there isn't.
□どのようにそこに行けますか。	How can I go there?
—バスで行けます。	—By bus.
□オーストラリアには世界遺産があります。	There are World Heritage Sites in Australia.
□たとえば，シドニーに有名な場所があります。	For example, there is a famous place in Sydney.
□見て。ここにあります。それがオペラハウスです。	Look. Here it is. It's the Opera House.
□その動物は少し独特です。	That animal is a little unique.
□楽しそうですね。	Sounds fun.
□私があなたたちを案内して回ります。	I show you around.
□私の大好きな季節について話したいと思います。	I'd like to talk about my favorite season.

[Word Web 5]

□あなたは何が作れますか。	What can you make?
—私はオムレツが作れます。	—I can make an omelet.
□何時ですか。	What time is it?
—10時30分です。	—It's ten thirty.
□だれが京都に住んでいますか。	Who lives in Kyoto?

教 pp.79～94

一グリーン先生です。	—Ms. Green does.
□どちらのノートがあなたのものですか。	Which notebook is yours?
一青いものです。	—The blue one is.
□あなたはどこの出身ですか。	Where are you from?
一私はアメリカ合衆国の出身です。	—I'm from the U.S.
□あなたはいつ勉強しますか。	When do you study?
一週末にです。	—On weekends.
□もう一つはだれのペンですか。	Whose pen is the other one?
一ポールのものです。	—It's Paul's.
□なぜ彼が好きなのですか。	Why do you like him?
一なぜなら彼は親切だからです。	—Because he is kind.
□どのようにそこに行けますか。	How can we go there?
一電車で行けます。	—By train.
□何本のペンを持っていますか。	How many pens do you have?
一私は7本持っています。	—I have seven pens.

[Our Project 2]

□私の大好きな人はナオミです。	My favorite person is Naomi.
□私には理由が2つあります。	I have two reasons.
□1つ目に，彼女はすばらしいテニス選手です。	First, she is a great tennis player.
□2つ目に，彼女は美しいです。	Second, she is beautiful.
□それで私は彼女が好きです。	So I like her.
□私はたくさんのぼうしを持っています。	I have a lot of hats.

[Power-Up 5]

□質問があります。	I have a question.
□あなたは21世紀から来ているということですか。	You mean you're from the 21st century?

PROGRAM 8 The Year-End Events ～ Steps 5

教pp.95～102

重要語チェック 英単語を覚えましょう。

[PROGRAM 8]

□年末の	形year-end
□行事，出来事	名event
□助ける，手伝う，助け，手伝い	動名help
□必要とする	動need
□浴室，ふろ場	名bathroom
□シャワー	名shower
□空中，空	名air
□マンゴー	名mango
□クリ	名chestnut
□イチゴ	名strawberry
□(of courseで)もちろん	名course
□感じる	動feel
□おい，ちょっと	間hey
□おとうさん，パパ	名dad
□ふく	動wipe
□ひとそろい，一式	名set
□全部，全員，すべて	代all
□つぶす	動mash
□サツマイモ	名sweet potato
□伝統的な	形traditional
□新年	名New Year
□待つ	動wait
□バイオリン	名violin
□雑誌	名magazine
□ツル	名crane

重要文チェック 日本語を見て英文が言えるようになりましょう。

[PROGRAM 8]

□私は今勉強しています。	I am studying now.
□彼は今勉強していません。	He isn't studying now.
□彼らは今走っていますか。	Are they running now?
一いいえ，走っていません。	—No, they aren't.
□あなたは何をしていますか。	What are you doing?
一もちろん，私は勉強しています。	—Of course, I'm studying.
□手伝ってもらえますか。	Can you help me?
一わかりました。	—All right.
□映画に行きませんか。	Why don't we go to a movie?
□空中に花を描いてください。	Please draw a flower in the air.
□テレビを消しなさい。	Turn off the TV.

PROGRAM 9 A Trip to Finland ~ Steps 6

教 pp.103～112

重要語チェック 英単語を覚えましょう。

[PROGRAM 9]

□フィンランド 名 Finland
□滞在する，泊まる 動 stay
□打ち負かす 動 beat
□(この)前の 形 last
□haveの過去形 動 had
□昨日(は)，昨日 副 名 yesterday
□勝つ，勝ちとる 動 win
□winの過去形 動 won
□もうひとつ[1人]の 形 another
□幸運な，運のよい 形 lucky
□readの過去形 動 read
□takeの過去形 動 took
□医療の，内科の 形 medical
□検査 名 checkup
□doの過去形 助 動 did
□球場，競技場 名 stadium
□(今から)～前に 副 ago
□(疑問文で)どこかに 副 anywhere
□くつろぐ 動 relax
□人々 名 people
□発明する 動 invent
□苦い 形 bitter
□たった～だけ 副 only
□一度，一回 副 once
□おいしい 形 tasty
□buyの過去形 動 bought
□findの過去形 動 found
□体験，経験 名 experience
□道路，道 名 road
□(太陽などが)昇る 動 rise
□～まで 前 until
□午前 副 a.m.
□午後 副 p.m.

重要文チェック 日本語を見て英文が言えるようになりましょう。

[PROGRAM 9]

□彼は昨日勉強しました。 He studied yesterday.
□彼は昨日勉強しませんでした。 He didn't study yesterday.
□あなたは昨日勉強しましたか。 Did you study yesterday?
　—はい，一日じゅう勉強しました。 —Yes, I studied all day.
□昨夜あなたは何をしましたか。 What did you do last night?
□この絵をちょっと見て。 Take a look at this picture.
□日本は歌舞伎で有名です。 Japan is famous for *kabuki*.

PROGRAM 10 Grandma Baba's Warming Ideas! ~ Power-Up 6

教pp.113～130

✓重要語チェック 英単語を覚えましょう。

[PROGRAM 10]

□おばあさん 名grandma
□温めること 名warming
□考え，アイディア 名idea
□areの過去形 動were
□まだ，今でも 副still
□眠い 形sleepy
□終える 動finish
□プログラム，番組 名program
□感動させる 形moving
□すごい 形awesome
□劇場，映画館 名theater
□眠る 動sleep
□～時(ちょうど) 副o'clock
□電話をかける 動call
□マンガ 名comic
□驚いて 形surprised
□教科書 名textbook
□(インターネットサイトを)あちこち見て回る 動surf
□インターネット 名internet
□comeの過去形 動came
□困ったこと 名matter
□若い 形young
□凍る 動freeze
□寝室 名bedroom
□言う 動say
□トランポリン 名trampoline
□従う，ついていく 動follow
□バン[ドン]という音 名bang
□breakの過去形 動broke
□恐ろしい，ひどい 形terrible
□十分に 副enough
□悪い 形bad
□(考え込んで)うーん 間mmm
□切る(過去形も同形) 動cut
□脚 名leg
□そり 名sleigh
□出発する，始める 動start
□斜面，坂 名slope
□スピード 名speed
□飛ぶ 動fly
□終わり，はし 名end
□もどって，後部，裏 副名back
□丘 名hill
□やっと，ついに 副finally
□着く，到着する 動reach
□湯気を立てる 動steam
□おやまあ 間gosh
□温める，温かくする，温かい 動形warm
□あなたがた自身を[に] 代yourselves
□あなた自身を[に] 代yourself
□タヌキ 名raccoon dog
□押入れ 名closet
□てっぺん，頂上 名top
□ふわふわした 形fluffy

教pp.113～130

□キルト，布団	名quilt

[Steps 7]

□運動する	動exercise
□試験，テスト	名test

[Our Project 3]

□趣味	名hobby
□演技，パフォーマンス	名performance
□makeの過去形	動made
□力強い，強力な	形powerful
□創造的な	形creative
□写真	名shot
□最後に	副lastly

[Power-Up 6]

□(絵)はがき	名postcard
□親愛なる(Dear ～で「～さん[様]」)	形dear
□おもて面，前	名front
□心から，誠実に	副sincerely
□祝福のことば，願い	名wish
□さようなら，じゃあね	間bye

重要文チェック

日本語を見て英文が言えるようになりましょう。

[PROGRAM 10]

□私は昨日家にいました。	I was at home yesterday.
□私は昨日家にいませんでした。	I wasn't at home yesterday.
□あなたは昨夜家にいましたか。	Were you at home last night?
—はい，いました。	—Yes, I was.
□彼らは今朝疲れていました。	They were tired this morning.
□彼は昨夜9時にテレビを見ていました。	He was watching TV at nine last night.
□彼はそのとき勉強していませんでした。	He wasn't studying at that time.
□あなたたちは昨夜9時に勉強していましたか。	Were you studying at nine last night?
—いいえ，していませんでした。	—No, we weren't.
□あなたはそのとき何をしていましたか。	What were you doing then?
□ただいま。	I'm home.
□どうしたのですか。	What's the matter?

教 pp.113～130

重要文チェック 日本語を見て英文が言えるようになりましょう。

□みなは電車に乗りました。	Everyone got on the train.
□そりは速力を増しました。	The sleigh picked up speed.
□自転車にしがみついて！	Hold on to the bike!
□このようにしてあなたがた自身を温めなさい。	Warm yourselves this way.

[Our Project 3]

□あなたの趣味は何ですか。	What are your hobbies?
□私の趣味は将棋です。	My hobby is *shogi*.
□私は将棋部に入っています。	I'm in the *shogi* club.
□この写真を見てください。	Please look at this picture.
□これは学校祭での演技の写真です。	This is the picture of the performance at the school festival.
□最後に，将棋は楽しいです。	Lastly, *shogi* is fun.

[Power-Up 6]

□ポール様	Dear Paul,
□(あなたに会えず)さびしく思っています。	I'm missing you.
□心から	Sincerely (yours),
□ご多幸を願って	Best wishes,
□今のところはさようなら	Bye for now,
□ごきげんよう。	Cheers!

Step 2 予想問題 Get Ready ~ PROGRAM 0

10分

❶ 次のアルファベットの小文字は大文字に，大文字は小文字に書きかえなさい。

□❶ b ______ □❷ d ______ □❸ f ______

□❹ i ______ □❺ k ______ □❻ p ______

□❼ q ______ □❽ A ______ □❾ G ______

□❿ H ______ □⓫ L ______ □⓬ M ______

□⓭ N ______ □⓮ R ______ □⓯ Y ______

❷ 次の日本語が表す英単語を下から選び，(　)に記号を書きなさい。

□❶ 名前 (　　) □❷ 英語 (　　)

□❸ 屋根 (　　) □❹ 動物園 (　　)

□❺ 体育館 (　　) □❻ 昼食 (　　)

□❼ 箱 (　　) □❽ 中国 (　　)

㋐ zoo　㋑ lunch　㋒ roof　㋓ China

㋔ gym　㋕ name　㋖ English　㋗ box

❸ 次の質問の答えとして最も適切なものを下から選び，(　)に記号を書きなさい。

□❶ When is your birthday? (　　)

□❷ What sport do you like? (　　)

□❸ Do you like French fries? (　　)

点UP □❹ What do you want to be? (　　)

㋐ Yes, I do.　㋑ My birthday is May 16.

㋒ I like soccer.　㋓ I want to be a singer.

ヒント

❶
英語のアルファベットは26文字あり，それぞれ大文字と小文字がある。形が似ているものもあるが，まったく違う形のものもあるので，きちんと覚えよう。アルファベットだけの読み方と，単語の中での読み方は違うこともあるので，注意する。

❷
身の回りにあるものを表す英単語は覚えておこう。カタカナ語として日本語でもよく使われる単語のつづりに注意しよう。

❸
❶「あなたの誕生日はいつですか。」
❷「あなたはどんなスポーツが好きですか。」
❸「あなたはフライドポテトが好きですか。」
❹「あなたは何になりたいですか。」

Step 1 基本チェック PROGRAM 1 ~ Word Web 1 友だちを作ろう

5分

赤シートを使って答えよう！

解答欄

❶ [私は[あなたは]～です。] [ ]内から適切な語を選ぼう。

□ ❶ I [am / are] Miki.

□ ❷ You [am / are] a new student.

❷ [～ではありません。] [ ]内から適切な語を選ぼう。

□ ❶ I [am not / are not] Kenji.

□ ❷ You [am not / are not] in my class.

❸ [あなたは～ですか。] [ ]に適切な語を入れよう。

□ ❶ あなたは野球ファンですか。── はい，そうです。

[Are] you a baseball fan? ── Yes, [I] am.

❹ [どこに～ですか。] [ ]に適切な語を入れよう。

□ ❶ あなたはどこの出身ですか。 [Where] are you from?

□ ❷ 私は沖縄の出身です。(❶の答え) I'm [from] Okinawa.

POINT

❶ [私は[あなたは]～です。]

「私は～です。」はI am[I'm] ～.,「あなたは～です。」はYou are ～.で表す。

・I am[I'm] Masaru. [私はマサルです。] ・You are Bob. [あなたはボブです。]

└Iは，文の途中でも大文字で書く。 └文の最初は必ず大文字で書く。

❷ [～ではありません。] am[are]のうしろにnotを置いて表す。

・I am[I'm] not Satoru. [私はサトルではありません。]

└amのうしろにnotを置く。

❸ [あなたは～ですか。] areをyouの前に出し，文の最後に?をつけて表す。

・Are you Bob? [あなたはボブですか。]

└areをyouの前に出す。 疑問文の最後には?(クエスチョンマーク)をつける。

── Yes, I am. / No, I am[I'm] not. [はい，そうです。/ いいえ，違います。]

❹ [どこに～ですか。] whereを疑問文の文頭に置いて表す。

・Where are you from? [あなたはどこの出身ですか。]

└「どこ」 └疑問文の語順にする。

── I'm from Otaru. [私は小樽の出身です。]

└「～の出身」

Step 2 予想問題 PROGRAM 1 ~ Word Web 1 友だちを作ろう

10分

1 ❶～❹は単語の意味を，❺～❽は日本語や数字を英語になおしなさい。

□ ❶ student (　　　)　□ ❷ shy (　　　)

□ ❸ the U.S. (　　　)　□ ❹ really (　　　)

□ ❺ ちょうど ＿＿＿＿　□ ❻ 12 ＿＿＿＿

□ ❼ 話す（tで始まる） ＿＿＿＿　□ ❽ ファン ＿＿＿＿

2 次の各組の下線部の発音が同じなら○，異なれば×を書きなさい。

□ ❶ like / five (　　)　□ ❷ go / to (　　)　□ ❸ the / thank (　　)

3 日本語に合う英文になるように，＿＿に適切な語を書きなさい。

□ ❶ お会いできてうれしいです。

Nice to ＿＿＿＿ you.

点UP □ ❷ 私は動物園に行きたいです。

I ＿＿＿＿ ＿＿＿＿ go to the zoo.

4 次の＿＿に適切な語を下から選んで書きなさい。ただし，同じ語を２度使うことはできません。

□ ❶ You ＿＿＿＿ in 1-A.

□ ❷ I'm ＿＿＿＿ New Zealand.

□ ❸ Sorry, I'm ＿＿＿＿ Kaoru.

are	not	from

ヒント

1
❸国名。
❹驚きや興味を表すあいづちとして使う。
❻20と間違えないようにしよう。
❼読まない文字があるので注意しよう。

2
同じ文字でも読み方が違う場合があるので注意しよう。

3
❶「会う」という動詞。
❷「～したい」という意味を表す語句。

4
❶「あなたは～です」と言うときに使うbe動詞。
❷「～の出身です」と言うときに使う語。
❸「～ではありません」と言うときに使う語。

Step 3 予想テスト PROGRAM 1 ～ Word Web 1 友だちを作ろう

30分 /100点 目標 80点

❶ 日本語に合う英文になるように，____に適切な語を書きなさい。技 15点（各完答5点）

❶ こんにちは，私はシェリーです。

Hello, _____ _____ Sherry.

❷ あなたは活発です。

_____ _____ active.

❸ 私はサッカーファンです。

_____ am _____ soccer fan.

❷ 日本語に合う英文になるように，（　）内の語を並べかえなさい。技 15点（各5点）

❶ あなたは千葉の出身ですか。（ you / from / are / Chiba)?

❷ ペンをありがとう。（ thanks / the / pen / for).

❸ 体育館に行きましょう。（ gym / let's / to / go / the).

❸ 次の対話文について（　）に入れるのに最も適切な文を選び，記号で答えなさい。技 16点（各8点）

❶ *Boy*: (　　)

Girl: I'm from the U.K.

ア I'm not Michael.　イ Where are you from?　ウ Are you Carol?　エ I see.

❷ *Girl*: Are you a new teacher?

Teacher: (　　)

ア Yes, I am.　イ Oh, really?　ウ No, you're not.　エ Me too.

❹ 次の対話文を読んで，あとの問いに答えなさい。技 33点

Mao: Nice to meet you.

Daniel: Nice to meet you too. I'm in 1-B.

Mao: Me too. ①I'm (　　) from Mirai City.

Daniel: You're just like me.

Mao: You and I are new.

Daniel: You're friendly. Thanks for talking.

❶ 下線部①が「私はみらい市の出身ではありません。」という意味になるように，( )に適切な語を書きなさい。 (5点)

❷ 次の文が対話文の内容に合っていれば○，異なっていれば×を書きなさい。 (各7点)

1．真央がダニエルに会うのははじめてです。

2．真央とダニエルは違うクラスです。

3．真央もダニエルも新入生です。

4．真央は，ダニエルが親しみやすいと言っています。

❺ あなた自身について自己紹介をするとき，次の内容を伝える英語を書きなさい。表

21点(各7点)

❶ 自分の名前を言う。

❷ 自分の出身地を言う。

❸ 自分の年齢を言う。

❶	❶		
	❷		
	❸		
❷	❶	?	
	❷	.	
	❸	.	
❸	❶	❷	
❹	❶		
	❷	1	2
		3	4
❺	❶		
	❷		
	❸		

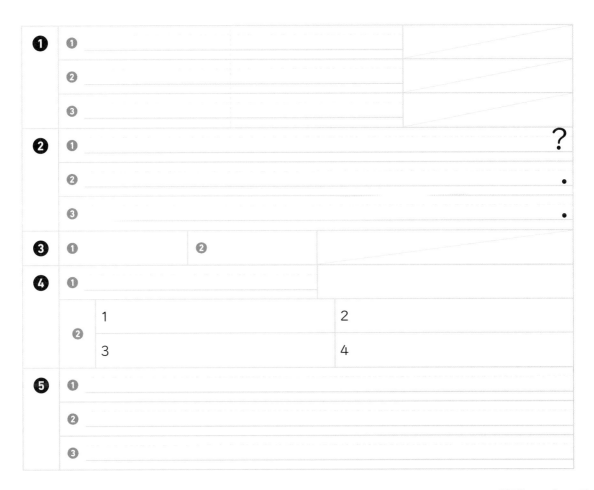

教科書 pp.29-37

Step 1 基本チェック　PROGRAM 2 ~ Steps 1　1-Bの生徒たち

5分

赤シートを使って答えよう！

❶ [私は～します。] [ ]に適切な語を入れよう。

解答欄

□ ❶ 私は英語が好きです。
I [like] English.

□ ❷ 私は野球をします。
I [play] baseball.

□ ❸ 私はリンゴを持っています。
I [have] an apple.

❷ [私は～しません。] [ ]内から適切なものを選ぼう。

□ ❶ I [am not / do not] drink tea.

□ ❷ I [don't / not] play soccer.

❸ [あなたは～しますか。] [ ]に適切な語を入れよう。

□ ❶ あなたは豆腐を食べますか。—はい，食べます。
[Do] you eat *tofu*? — Yes, I [do].

□ ❷ あなたはテニスをしますか。
[Do] you play tennis?

□ ❸ いいえ，しません。(❷の答え)
No, I [don't].

❹ [名詞の複数形] [ ]内から適切な語を選ぼう。

□ ❶ I have a [book / books].

□ ❷ I have three [book / books].

□ ❸ Do you have two [watch / watches]?

□ ❹ I eat a [banana / bananas].

❺ [いつ～しますか。] [ ]に適切な語を入れよう。

□ ❶ あなたはいつ勉強しますか。
[When] do you study?

□ ❷ 私は夕食のあとに勉強します。(❶の答え)
I study [after] dinner.

POINT

❶ [私は～します。] 思いや動作を表すときは，それを表す動詞（一般動詞）を使う。

・I like soccer. [私はサッカーが好きです。] ←likeは「思い」を表す動詞。

・I speak English. [私は英語を話します。] ←speakは「動作」を表す動詞。

❷ [私は～しません。] 〈I do not[don't]＋一般動詞～.〉の形で表す。

・I don't speak Japanese. [私は日本語を話しません。]

└ 動詞の前にdo not[don't]を置く。

❸ [あなたは～しますか。] 〈Do you＋一般動詞～?〉の形で表す。

・Do you speak English? [あなたは英語を話しますか。]

└ 主語(you)の前にdoを置く。 ― 最後に?（クエスチョンマーク）をつける。

― Yes, I do. / No, I don't. [はい，話します。/ いいえ，話しません。]

❹ [名詞の複数形] 人やものの数が２つ以上あるときは，複数形を使う。

・I have two pencils. [私は鉛筆を２本持っています。]

└ 名詞の語尾に-sをつける。

・名詞の複数形の作り方

1．[ふつうの語] 語尾に-sをつける。

girl ― girls / dog ― dogs （[z]と発音）

cup ― cups / desk ― desks （[s]と発音）

2. [-s, -sh, -ch, -xで終わる語] 語尾に-esをつける。

class ― classes / box ― boxes / watch ― watches （[iz]と発音）

3. [〈子音字＋y〉で終わる語] 語尾のyをiに変えて-esをつける。

city ― cities （[z]と発音）

❺ [いつ～しますか。] 時をたずねるときはwhenを疑問文の文頭に置いて表す。

・When do you play tennis? [あなたはいつテニスをしますか。]

└「いつ」 └ 疑問文の語順

― I play tennis on Sundays. [私は毎週日曜日にテニスをします。]

└ 曜日に-sをつけると「毎週～曜日」という意味になる。

└「～に」と曜日を表すときはonを使う。

PROGRAM 2 ～ Steps 1

Step 2 予想問題 PROGRAM 2 ～ Steps 1 1-Bの生徒たち

30分 (1ページ15分)

❶ ❶～❹は単語の意味を，❺～❽は日本語を英語になおしなさい。

□ ❶ night (　　　)　　□ ❷ Tuesday (　　　)

□ ❸ bike (　　　)　　□ ❹ weekend (　　　)

□ ❺ 絵，写真 ＿＿＿＿　　□ ❻ 明日(は) ＿＿＿＿

□ ❼ しばしば ＿＿＿＿　　□ ❽ 夕食 ＿＿＿＿

❷ 次の各組の下線部の発音が同じなら○，異なれば×を書きなさい。

□ ❶ break / speak (　　)　　□ ❷ climb / before (　　)

□ ❸ Sunday / Monday (　　)

❸ (　)内に入れるのに最も適切な語を，㋐～㋓から選んで○で囲みなさい。

□ ❶ I eat a banana (　　) day.

㋐ very　㋑ in　㋒ every　㋓ at

□ ❷ (　　) at the cat!

㋐ Look　㋑ Eat　㋒ Like　㋓ See

□ ❸ A: When do you play the piano?

B: I play the piano (　　) school.

㋐ for　㋑ after　㋒ on　㋓ about

❹ 日本語に合う英文になるように，＿＿に適切な語を書きなさい。

□ ❶ 私は午前中に買い物に行きます。

I ＿＿＿＿ shopping in the morning.

得点UP □ ❷ 私は音楽が好きです。あなたはどうですか。

I like music. ＿＿＿＿ ＿＿＿＿ you?

ヒント

❶

❶ghは発音しない。

❷曜日の１つ。

❸日本語の「バイク」とは違うので注意。

❺英語では同じ語で表すことができる。

❼頻度を表す語。

❽カタカナ語として使われることもある。

❸

❶「毎～」という意味を表す語。

❷atに注目。「～(のほう)を見る」という意味になる。

❸Aは「いつピアノをひきますか。」とたずねている。

楽器の名詞の前にはtheをつける。

❹

❶「行く」という意味を表す語。

❷「～はどうですか。」とたずねる言い方。

❺ 次の ＿＿ に適切な語を下から選んで書きなさい。ただし，同じ語を２度使うことはできません。

□ ❶ Let's play table tennis ＿＿＿＿＿＿ lunch break.

□ ❷ I clean my room ＿＿＿＿＿＿ the afternoon.

on　　in　　during

❻ 次の文に対する応答として適切な文を，(　)内の指示に従って英語で書きなさい。

□ ❶ Do you like apples?（「はい，(私は)好きです。」と答える）

＿＿＿＿＿＿＿＿＿＿＿＿＿＿＿＿＿＿＿＿＿＿＿＿

□ ❷ How's the weather today?（「晴れです。」と答える）

＿＿＿＿＿＿＿＿＿＿＿＿＿＿＿＿＿＿＿＿＿＿＿＿

❼ 次の英文を日本語になおしなさい。

□ ❶ I don't play soccer well.

(　　　　　　　　　　　　　　　　　　　　)

点UP □ ❷ I take a bath before dinner.

(　　　　　　　　　　　　　　　　　　　　)

❽ 日本語に合う英文になるように，(　)内の語を並べかえなさい。

□ ❶ 私は理科がとても好きです。

(like / I / much / science / very).

＿＿＿＿＿＿＿＿＿＿＿＿＿＿＿＿＿＿＿＿＿＿＿＿.

□ ❷ あなたはいつ絵を描きますか。

(draw / you / when / do / pictures)?

＿＿＿＿＿＿＿＿＿＿＿＿＿＿＿＿＿＿＿＿＿＿＿＿?

ヒント

❺
❶「～の間に」
❷「午後に」

・in the morning「午前(中)に」
・at night「夜は[に]」

❻
❶「あなたは～しますか。」とたずねている。Iを使って答える。
❷天気をたずねている。主語は何を使うかを考える。

❼
❶don't = do not 一般動詞の否定文。
❷bathは「ふろ」という意味。

❽
❶「とても」は２語で表し，文末に置く。
❷「いつ」とたずねる語で始める。

教科書 pp.29-37

Step 3 予想テスト PROGRAM 2 ~ Steps 1 1-Bの生徒たち

30分　/100点　目標 80点

❶ 日本語に合う英文になるように，____に適切な語を書きなさい。技　15点（各完答5点）

❶ 私は本を３冊持っています。
I have ______ ______.

❷ 私はときどき走ります。あなたはどうですか。
I sometimes run. ______ about ______?

❸ あなたはコーヒーを飲みますか。
______ ______ drink coffee?

❷ 日本語に合う英文になるように，(　)内の語を並べかえなさい。技　15点（各5点）

❶ 私はしばしば音楽を聞きます。（ often / listen / I / to ）music.

❷ あなたはいつテニスをしますか。（ you / play / when / do / tennis)?

❸ 私は昼食にオムレツを食べません。（ don't / omelet / I / an / eat ）for lunch.

❸ 次の対話文について（　）に入れるのに最も適切な文を選び，記号で答えなさい。技　12点（各6点）

❶ *Girl*: Let's play basketball.
Boy: (　　)
ア On weekends.　イ Yes, let's.　ウ In the park.　エ No, you don't.

❷ *Boy*: What day is it today?
Girl: (　　)
ア It's rainy.　イ I like it very much.　ウ It's Friday.　エ Sure.

❹ 次の対話文を読んで，あとの問いに答えなさい。技　34点

Mao: I draw pictures every day.
Daniel: Every day! I don't draw pictures.
Mao: (①) Look at my notebooks!
Daniel: Wow, flip books! You're a great artist.

❶ ①の（　）に入れるのに最も適切なものを下から選び，記号で答えなさい。（6点）
ア Really?　イ Sure.　ウ Yes, I do.　エ Thank you.

 成績評価の観点 技…言語や文化についての知識・技能 表…外国語表現の能力

❷ 対話文の内容に合うように，(　)に適切な日本語を書きなさい。 (各7点)

1．真央は(　　)絵を描きます。

2．ダニエルは絵を(　　)。

3．真央はダニエルに自分のノートを(　　)。

4．ダニエルは真央が(　　)芸術家だと言っています。

❺ 次の場合，英語でどのように言いますか。(　)内の語を使って書きなさい。 表 24点(各8点)

❶ 相手に，ネコは好きかたずねる場合。 (cats)

❷ 自分は夕食より前に勉強すると言う場合。 (dinner)

❸ サッカーをしようと相手をさそう場合。 (soccer)

❶	❶	
	❷	
	❸	
❷	❶	music.
	❷	?
	❸	for lunch.
❸	❶	❷
❹	❶	
	❷	1 / 2 / 3 / 4
❺	❶	
	❷	
	❸	

Step 1 基本チェック PROGRAM 3 ~ Power-Up 1 タレントショーを開こう

5分

赤シートを使って答えよう!

❶ [助動詞canの文] [ ]に適切な語を入れよう。

解答欄

- □ ❶ 私はピアノをひくことができます。I [can] play the piano.
- □ ❷ あなたはじょうずに歌うことができます。You can [sing] well.

❷ [助動詞canの否定文] [ ]内から適切なものを選ぼう。

- □ ❶ I [cannot / am not] swim.
- □ ❷ You [aren't / can't] play tennis.

❸ [助動詞canの疑問文と答え方] [ ]に適切な語を入れよう。

- □ ❶ あなたは英語を話すことができますか。── はい, できます。
  [Can] you speak English? ── Yes, I [can].

❹ [「何を」とたずねる文] [ ]に適切な語を入れよう。

- □ ❶ あなたは放課後に何をしますか。── 私はサッカーをします。
  [What] do you do after school? ── I [play] soccer.

POINT

❶ [助動詞canの文] 助動詞canを動詞の前に置いて,「～することができる」の意味を表す。

・I can cook curry. [私はカレーを料理することができます。]
「～できる」←動詞の前に置く。

❷ [助動詞canの否定文] 否定文はcan'tまたはcannotを使う。

・I can't cook steak. [私はステーキを料理することができません。]
└動詞の前にcan't[cannot]を置く。

❸ [助動詞canの疑問文と答え方] 「～できますか」とたずねるときはcanを主語の前に出す。

・Can you cook curry? [あなたはカレーを料理することができますか。]
└主語(you)の前にcanを置く。 最後に?(クエスチョンマーク)をつける。

── Yes, I can. / No, I can't. [はい, できます。/ いいえ, できません。]
canを使って答える。

❹ [「何を」とたずねる文] 「何を～しますか」とたずねるときはwhatを使い, 文頭に置く。

・What can you cook? [あなたは何を料理することができますか。]
└whatを文頭に置く。そのあとに疑問文の語順を続ける。

── I can cook curry. ←具体的に何ができるかを答える。 [私はカレーを料理することができます。]

Step 2 予想問題

PROGRAM 3 ～ Power-Up 1 タレントショーを開こう

45分 (1ページ15分)

❶ ❶～❻は単語の意味を，❼～❿は日本語を英語になおしなさい。

□❶ aunt (　　　)　□❷ cousin (　　　)

□❸ large (　　　)　□❹ meal (　　　)

□❺ everyone (　　　)　□❻ change (　　　)

□❼ おじ ＿＿＿＿

□❽ 見世物，番組，ショー ＿＿＿＿

□❾ つかまえる ＿＿＿＿

□❿ 大好きである，愛する ＿＿＿＿

❷ 次の語で最も強く発音する部分の記号を答えなさい。

□❶ gui-tar (　　) ア イ　□❷ kil-o-me-ter (　　) ア イ ウ エ

❸ (　)内に入れるのに最も適切な語を，㋐～㋓から選んで○で囲みなさい。

□❶ I (　　) a cat.
㋐ cute　㋑ have　㋒ go　㋓ can

□❷ They are my (　　).
㋐ music　㋑ perform　㋒ classmates　㋓ American

点UP □❸ A: What can I get for you?
B: Can I have a (　　) apple juice, please?
㋐ here　㋑ my　㋒ much　㋓ medium

❹ 日本語に合う英文になるように，＿＿に適切な語を書きなさい。

□❶ コンサートを楽しみましょう。
Let's ＿＿＿＿ ＿＿＿＿ at the concert.

□❷ 彼は私の秘密を守ることができます。
He can ＿＿＿＿ my ＿＿＿＿.

□❸ はい，どうぞ。
＿＿＿＿ ＿＿＿＿ are.

ヒント

❶
❶❷❼親せきに関する語。
❸大きさを表す語。日本語では頭文字をとってLと言うこともある。
❹朝食，昼食，夕食など，食事全般を表す語。
❺人を表す語。
❿likeよりも，好きだという程度が強い語。

❸
❶動詞が入る。
❷主語のTheyは複数の人やものを指す。
❸Aは店員。Bは客。飲みものの注文をしている。

❹
❶「～を楽しむ」という意味の語句で表す。
❷「～を守る」はkeepを使う。
❸相手にものを渡すときなどに使う表現。

[解答▶p.5]

❺ 次の＿＿に適切な語を下から選んで書きなさい。ただし，同じ語を２度使うことはできません。

□ ❶ I sometimes play tennis ＿＿＿＿ my sister.

□ ❷ Let's have fun ＿＿＿＿ the show.

□ ❸ I watch the music show ＿＿＿＿ TV.

□ ❹ I can't run ＿＿＿＿ my house to school.

□ ❺ For here ＿＿＿＿ to go? ── To go, please.

on	or	from	with	at

❻ 次の文を（　）内の指示に従って書きかえるとき，＿＿に適切な語を書きなさい。

□ ❶ You can swim here.（否定文に）
You ＿＿＿＿ swim here.

□ ❷ You can speak Japanese.（疑問文に）
＿＿＿＿ you ＿＿＿＿ Japanese?

□ ❸ I can play the piano.（下線部をたずねる文に）
＿＿＿＿ can you play?

得点UP □ ❹ I can see some stars.（疑問文に）
Can you see ＿＿＿＿ stars?

□ ❺ Seven dollars, please.（下線部をたずねる文に）
＿＿＿＿ ＿＿＿＿ is it?

❼ （　）内の指示に従って，次の文に対する応答として適切な文を英語で書きなさい。

□ ❶ Can you dance well?（「はい，(私は)できます。」と答える）

＿＿＿＿＿＿＿＿＿＿＿＿＿＿＿＿

□ ❷ Do you know this show?（「いいえ，(私は)知りません。」と答える）

＿＿＿＿＿＿＿＿＿＿＿＿＿＿＿＿

□ ❸ What do you like?（「私は動物が好きです。」と答える）

＿＿＿＿＿＿＿＿＿＿＿＿＿＿＿＿

□ ❹ What do you usually do after school?
（「私は野球を練習します。」と答える）

＿＿＿＿＿＿＿＿＿＿＿＿＿＿＿＿

ヒント

❺
❶「〜といっしょに」
❷「〜を楽しむ」
❸「テレビで」という意味になる。
❹「〜から…へ[まで]」という意味になる。
❺飲食店での会話。

❻
❸「何を」ひくことができるかをたずねる。
❹「何か，いくつか」という意味を表す語が入る。
❺値段をたずねる表現にする。

❼ ミスに注意
❶❷doを使うかcanを使うかに注意する。
❸Whatで始まる疑問文に答えるときはYes/Noを使わない。
❹usuallyは「ふつう，たいてい」という意味。

❽ 次の英文を日本語にしなさい。

□ ❶ My father can skate well.

(　　　　　　　　　　　　　　　　　　　　)

□ ❷ I cannot play the piano.

(　　　　　　　　　　　　　　　　　　　　)

□ ❸ Can I have a hamburger, please?

(　　　　　　　　　　　　　　　　　　　　)

□ ❹ What can you sing for the show?

(　　　　　　　　　　　　　　　　　　　　)

❾ 日本語に合う英文になるように，(　)内の語句を並べかえなさい。

□ ❶ あなたはその魚をつかまえることができますか。

(can / the / fish / catch / you)?

______________________________________?

□ ❷ 私はみなさんのために昼食を作ることができます。

(can / I / make / for / lunch) everyone.

______________________________________ everyone.

点UP □ ❸ コンサートですばらしい時を過ごしましょう。

(great time / have / let's / a / in) the concert.

______________________________________ the concert.

□ ❹ これはいくらですか。

(is / much / this / how)?

______________________________________?

❿ 次の日本語を英文にしなさい。

□ ❶ あなたはバスケットボールをすることができますか。

____

□ ❷ あなたは何を使うことができますか。

____

□ ❸ はい，どうぞ。

____

ヒント

❽
❶skateは動詞。
❸店員に注文を伝えるときの表現。
❹forは「～のために[の]」という意味。

❾
❶「つかまえる」はcatchで表す。
❷「みなさん」はeveryoneで表す。
❸「すばらしい時を過ごす」を4語で表す。
❹値段をたずねる表現。

❿
❶「できますか」とたずねる文は，どの語を使うかを考える。
❷「何を」を表す語で始める。
❸人にものを渡すときなどに使う表現。

教科書 pp.39-52

Step 3 予想テスト PROGRAM 3 ~ Power-Up 1 タレントショーを開こう

30分　/100点　目標 80点

❶ 日本語に合う英文になるように，____に適切な語を書きなさい。㊑ 15点(各完答5点)

❶ 私はじょうずに歌うことができません。

I _____ _____ well.

❷ 紅茶を１ついただけますか。

_____ _____ have a tea, please?

❸ あなたはそのショーをテレビで見ることができます。

You _____ _____ the show _____ TV.

❷ 日本語に合う英文になるように，(　)内の語を並べかえなさい。㊑ 15点(各5点)

❶ 私は音楽がとても好きです。 (very / music / I / much / like).

❷ あなたは自転車に乗ることができますか。 (you / bike / ride / a / can)?

❸ あなたは何を勉強しますか。 (you / study / what / do)?

❸ 次の対話文について(　)に入れるのに最も適切な文を選び，記号で答えなさい。㊑ 12点(各6点)

❶ *Girl*: I can skate well.

Boy: Really? (　　)

ア Yes, I do.　イ No, I can't.　ウ Thank you.　エ Then let's skate together.

❷ *Boy*: I'm hungry. Can I eat a banana?

Mother: Sure. (　　)

ア How about you?　イ Here you are.　ウ How much is it?

エ What can you eat?

❹ 次の対話文を読んで，あとの問いに答えなさい。㊑ 34点

Daniel: Do you know the Japanese dancer, EBIKEN?

Mao: Yes, I (①).

Daniel: Let's dance like EBIKEN. Can you dance?

Mao: Yes, I (②).

Daniel: ③(you / can / dance / what)?

Mao: I can do *bon* dance.

❶ ①の(　)に適切な１語を書きなさい。 (6点)

❷ ②の(　)に適切な1語を書きなさい。 (6点)

❸ 下線部③の(　)内の語を正しく並べかえなさい。 (7点)

❹ 次の文が対話文の内容に合っていれば○, 異なっていれば×を書きなさい。 (各5点)

1. 真央はエビケンを知りません。
2. ダニエルは真央にいっしょに踊ろうと言っています。
3. 真央は盆踊りをすることができます。

❺ 次の場合, 英語でどのように言いますか。(　)内の語数で書きなさい。 表 24点(各8点)

❶ 自分はピアノをひくことができると言う場合。(5語)

❷ 相手に, 泳ぐことができるかたずねる場合。(3語)

❸ 自分はじょうずに料理することができないと言う場合。(4語)

❶	❶			
	❷			
	❸			
❷	❶ .			
	❷ ?			
	❸ ?			
❸	❶	❷		
❹	❶	❷		
	❸ ?			
	❹ 1	2	3	
❺	❶			
	❷			
	❸			

教科書 pp.53-60

Step 1 基本チェック PROGRAM 4 ~ Power-Up 2 Let's Enjoy Japanese Culture.

5分

赤シートを使って答えよう！

❶ [This is ～. / That is ～.] [ ]内から適切なものを選ぼう。

解答欄

- ❶ This [am / is] my computer. ❶
- ❷ That [is / are] your bike. ❷
- ❸ This [is not / am not] my bag. ❸
- ❹ [Is / Are] that your cat? —— No, [that / it] isn't. ❹

❷ [代名詞he, she, it] [ ]内から適切な語を選ぼう。

- ❶ This is Takeshi. [He / She] is my brother. ❶
- ❷ This is Miki. [He / She] is my sister. ❷
- ❸ I have an umbrella. [This / It] is blue. ❸

❸ [「だれ」とたずねる文] [ ]に適切な語を入れよう。

- ❶ この少年はだれですか。 [Who] is this boy? ❶
- ❷ 彼は私の弟の健です。(❶の答え)
  [He] is my brother Ken. ❷
- ❸ あの少女はだれですか。 [Who] is that girl? ❸
- ❹ 彼女は私の友だちの真理です。(❸の答え)
  [She] is my friend Mari. ❹

❹ [持ち主をたずねる文] [ ]に適切な語を入れよう。

- ❶ どちらのかばんがあなたのものですか，黒色のものですか，
  それとも茶色のものですか。
  [Which] bag is [yours], the black one [or] the brown one? ❶
- ❷ 茶色のものです。(❶の答え)
  The brown [one] is. ❷
- ❸ あれはだれのノートですか。
  [Whose] notebook is that? ❸
- ❹ 私のものです。(❸の答え)
  It's [mine]. ❹
- ❺ あの青色の自転車は由紀のものです。
  That blue bike is [Yuki's]. ❺

POINT

❶ [This is ～. / That is ～.]　近くのものにはthis, 遠くのものにはthatを使って表す。
「これは～です。／あれは～です。」と言うときにはisを使う。is, am, areをbe動詞と言う。

・〔肯定文〕 This[That] is a drone.　[これ[あれ]はドローンです。]
　「これは」　isを使う。

・〔否定文〕 This[That] is not a bird.　[これ[あれ]は鳥ではありません。]
　「あれは」　isのうしろにnotを置く。isn't = is not

・〔疑問文〕 Is this[that] a drone?　[これ[あれ]はドローンですか。]
　主語(this[that])の前にisを出す。　最後に?(クエスチョンマーク)をつける。

— Yes, it is. / No, it isn't.　[はい，そうです。/ いいえ，違います。]
　答えるときはitにする。

❷ [代名詞he, she, it]　すでに話題にのぼった人やものをさす語を代名詞と言い，前に出てきた名詞の代わりをする。男性はhe, 女性はshe, 単数のものはitなど，語が短い。

・This is my uncle. He is a teacher.　[この人は私のおじです。彼は先生です。]
　男性はheにする。

・This is my sister. She is a student.　[この人は私の姉[妹]です。彼女は学生です。]
　女性はsheにする。

・Look at this picture. It is really beautiful.　[この絵を見てください。それはほんとうに美しいです。]
　ものはitにする。

❸ [「だれ」とたずねる文]「だれ」とたずねるときにはwhoを疑問文の文頭に置いて表す。

・Who is that woman?　[あの女性はだれですか。]
— She is Ms. Green.　[彼女はグリーンさんです。]
　代名詞にする。　だれなのかを具体的に答える。

❹ [持ち主をたずねる文]「どの[どちらの]」はwhich,「だれの」はwhoseを使ってたずねる。

・Which umbrella is yours, the blue one or the red one?　[どちらのかさがあなたのものですか，青色のものですか，それとも赤色のものですか。]
　「どちらの～」　「あなたのもの」
　one「～のもの」→umbrella　「～それとも…ですか」

— The red one is.　[赤色のものです。]

・Whose uniform is this?　[これはだれの制服ですか。]
　「だれの～」

— It's mine.　[私のものです。]　／　It's Ken's.　[健のものです。]
　「私のもの」← my uniform　「健のもの」← Ken's uniform

PROGRAM 4 ～ Power-Up 2

Step 2 予想問題　PROGRAM 4 ~ Power-Up 2 Let's Enjoy Japanese Culture.

30分（1ページ15分）

1 ❶〜❻は単語の意味を，❼〜⑫は日本語を英語になおしなさい。

□❶ woman (　　　)　□❷ person (　　　)
□❸ yours (　　　)　□❹ useful (　　　)
□❺ other (　　　)　□❻ culture (　　　)
□❼ 答え ＿＿＿＿　□❽ 鳥 ＿＿＿＿
□❾ 仕事 ＿＿＿＿　□❿ 男性，男の人 ＿＿＿＿
□⑪ 私のもの ＿＿＿＿　□⑫ ほほえむ，笑う ＿＿＿＿

2 次の各組の下線部の発音が同じなら○，異なれば×を書きなさい。

□❶ push / runner (　　)　□❷ save / tail (　　)　□❸ both / then (　　)

3 (　)内に入れるのに最も適切な語を，㋐〜㋓から選んで○で囲みなさい。

□❶ (　　) are my books.
㋐ This　㋑ That　㋒ These　㋓ You

□❷ Can you (　　) this ball?
㋐ speak　㋑ hold　㋒ run　㋓ go

□❸ I have three (　　).
㋐ erasers　㋑ tea　㋒ time　㋓ vegetable

4 日本語に合う英文になるように，＿＿に適切な語を書きなさい。

□❶ なるほど。
I ＿＿＿＿.

□❷ これは何ですか。
＿＿＿＿ this?

□❸ そのとおりです。
That's ＿＿＿＿.

点UP □❹ わかった！
I ＿＿＿＿ ＿＿＿＿!

ヒント

1
❷男性も女性も表す語。
❹形容詞。
❻カタカナ語としても使われる。
❼❽つづりに注意。

3
❶空所のうしろのareとbooksに注目。
❷「このボールを〜できますか。」という意味になる。
❸空所の前のthreeに注目。

4
❶納得の意味を表す語が入る。
❷What isの短縮形を書く。
❹代名詞を使って表す。何かの答えや，相手の言いたいことがわかったときなどに使う。

 ［解答▶p.7］

❺ 次の＿＿に適切な語を下から選んで書きなさい。ただし，同じ語を２度使うことはできません。

□ ❶ That is my aunt. ＿＿＿＿＿＿ a nurse.

□ ❷ This is Hiroshi. ＿＿＿＿＿＿ my classmate.

□ ❸ Can you see that computer? ＿＿＿＿＿＿ my father's.

It's	He's	She's	What's

❻ (　)内の指示に従って，次の文に対する応答として適切な文を英語で書きなさい。

□ ❶ Is this a lion?（「いいえ，違います。」と答える）

＿＿＿＿＿＿＿＿＿＿＿＿＿＿＿＿＿＿＿＿

□ ❷ Who is that man?（「私の先生です。」と答える）

＿＿＿＿＿＿＿＿＿＿＿＿＿＿＿＿＿＿＿＿

点UP □ ❸ Which pencil is yours, the long one or the short one?（「長いものです。」と答える）

＿＿＿＿＿＿＿＿＿＿＿＿＿＿＿＿＿＿＿＿

❼ 日本語に合う英文になるように，(　)内の語を並べかえなさい。

□ ❶ これは私のノートではありません。
(my / is / this / not / notebook).

＿＿＿＿＿＿＿＿＿＿＿＿＿＿＿＿＿＿＿＿.

□ ❷ これらはだれのギターですか。
(these / guitars / whose / are)?

＿＿＿＿＿＿＿＿＿＿＿＿＿＿＿＿＿＿＿＿?

❽ 次の日本語を英文にしなさい。

□ ❶ これはリンゴです。

＿＿＿＿＿＿＿＿＿＿＿＿＿＿＿＿＿＿＿＿

□ ❷ あれはあなたの自転車ですか。

＿＿＿＿＿＿＿＿＿＿＿＿＿＿＿＿＿＿＿＿

□ ❸ あの少女はだれですか。── 彼女はアヤ(Aya)です。

＿＿＿＿＿＿＿＿＿＿ ── ＿＿＿＿＿＿＿＿＿＿

ヒント

❺
❶auntは「おば」という意味。
❷ヒロシは男の子。
❸computerはものを表す名詞。

・that is → that's
・it is → it's
・she is → she's
・he is → he's
・what is → what's

❻
❶「これは～ですか。」とたずねている。
❷男性がだれかをたずねている。
❸ ミスに注意 「どちらの～」とたずねる疑問文にはYes/Noで答えない。

❼
❶notをどこに置くかを考える。
❷「だれの」を表す語で文を始める。

❽
❶「リンゴ」は母音のaで始まる語。
❸「だれ」とたずねる語で文を始める。「少女」はgirl。

Step 3 予想テスト PROGRAM 4 ~ Power-Up 2 Let's Enjoy Japanese Culture.

30分 /100点 目標 80点

❶ 日本語に合う英文になるように，____に適切な語を書きなさい。技 15点（各完答5点）

❶ これは私の腕時計です。

______ ______ my watch.

❷ あの男の子はだれですか。

______ ______ that boy?

❸ あの人は私のいとこです。彼女は看護師です。

That is my cousin. ______ ______ a nurse.

❷ 日本語に合う英文になるように，(　)内の語を並べかえなさい。技 15点（各5点）

❶ これらはあなたの本ですか。 (your / these / books / are)?

❷ 彼は私たちの先生ではありません。 (our / he / teacher / is / not).

❸ あれはだれのかさですか。 (that / umbrella / whose / is)?

❸ 次の対話文について(　)に入れるのに最も適切な文を選び，記号で答えなさい。技 12点（各6点）

❶ *Boy*: Is this an orange?

Woman: (　　) It's a lemon.

ア Yes, it is.　イ No, it isn't.　ウ Yes, I do.　エ No, you can't.

❷ *Man*: Which cup is yours, this big one or that small one?

Girl: (　　)

ア It's nice.　イ That's yours.　ウ It's not Ann's.　エ That small one is.

❹ 次の対話文を読んで，あとの問いに答えなさい。技 34点

真央とダニエルが百人一首のかるたについて話しています。

Daniel: Who is this woman (　①　) *kimono*?

Mao: She is Ono no Komachi.

Daniel: Is she a princess?

Mao: No, (　②　). She is a famous poet.

Daniel: I want to play the game.

Mao: OK. Let's play after school.

❶ ①の(　)に入れるのに最も適切な語を選び，記号で答えなさい。 (6点)

ア on　　イ in　　ウ at　　エ to

❷ ②の(　)に適切な2語を書きなさい。 (7点)

❸ 対話文の内容に合うように，(　)に適切な日本語を書きなさい。 (各7点)

1. 小野小町(おののこまち)は，有名な(　　)です。

2. (　　)は，かるたをしたいと言っています。

3. 真央は(　　)，かるたをしようと言っています。

❺ 次の場合，英語でどのように言いますか。(　)内の語を使って書きなさい。 表 24点(各8点)

❶ この人は私の父だと紹介する場合。 (father)

❷ あれはだれのかばんかたずねる場合。 (bag)

❸ このペンは私のものではないと言う場合。 (pen)

❶	❶		
	❷		
	❸		
❷	❶		?
	❷		.
	❸		?
❸	❶	❷	
❹	❶	❷	
	❸	1	2
		3	
❺	❶		
	❷		
	❸		

Step 1 基本チェック PROGRAM 5 ~ Word Web 3 The Junior Safety Patrol

5分

赤シートを使って答えよう！

❶ [主語が三人称・単数で現在の文] [ ]内から適切な語を選ぼう。

解答欄

□ ❶ My brother [is / plays] *shogi.*　❶

□ ❷ Miki [like / likes] music.　❷

□ ❸ Kenta [has / have] a computer.　❸

❷ [主語が三人称・単数で現在の否定文] [ ]に適切な語を入れよう。

□ ❶ メグはイヌが好きではありません。　❶
Meg [does] [not] like dogs.

□ ❷ ミラー先生は日本語を話しません。　❷
Ms. Miller [doesn't] [speak] Japanese.

□ ❸ ジョンは自転車を持っていません。　❸
John [doesn't] [have] a bike.

❸ [主語が三人称・単数で現在の疑問文] [ ]に適切な語を入れよう。

□ ❶ 由紀は英語を話しますか。── はい，話します。　❶
[Does] Yuki speak English? ── Yes, she [does].

□ ❷ トムは数学が好きですか。── いいえ，好きではありません。　❷
[Does] Tom like math? ── No, he [doesn't].

POINT

❶ [主語が三人称・単数で現在の文] 動詞の語尾に -(e)sをつけて表す。

・Momo plays tennis.　[モモはテニスをします。]
（動詞の語尾に -sをつける。）

❷ [主語が三人称・単数で現在の否定文] 動詞の前にdoes not[doesn't]を置き，動詞に-(e)sはつけない。

・Momo does not[doesn't] play soccer.　[モモはサッカーをしません。]
（動詞は -(e)sのつかない形。）

❸ [主語が三人称・単数で現在の疑問文] 主語の前にdoesを置き，動詞に -(e)sはつけない。

・Does Momo play tennis?　[モモはテニスをしますか。]
（動詞は -(e)sのつかない形。）（最後に？(クエスチョンマーク)をつける。）

── Yes, she does. / No, she doesn't.　[はい，します。/ いいえ，しません。]
（doesを使って答える。）

Step 2 予想問題 PROGRAM 5 ~ Word Web 3 The Junior Safety Patrol

15分 (1ページ15分)

❶ ①～⑤は単語の意味を，⑥～⑩は日本語を英語になおしなさい。

□ ① job (　　　)　□ ② wear (　　　)

□ ③ August (　　　)　□ ④ same (　　　)

□ ⑤ important (　　　)　□ ⑥ 春 ＿＿＿＿

□ ⑦ 旅行をする ＿＿＿＿　□ ⑧ 家族 ＿＿＿＿

□ ⑨ 一員，メンバー ＿＿＿＿　□ ⑩ 2月 ＿＿＿＿

❷ 次の語で最も強く発音する部分の記号を答えなさい。

□ ① now-a-days (　　)
　　ア イ ウ

□ ② No-vem-ber (　　)
　　ア イ ウ

❸ (　)内に入れるのに最も適切な語を，㋐～㋓から選んで○で囲みなさい。

□ ① Are these your (　　)?

㋐ shoes　㋑ bicycle　㋒ watch　㋓ soccer

□ ② (　　) is cold.

㋐ Summer　㋑ Winter　㋒ July　㋓ A season

❹ 日本語に合う英文になるように，＿＿に適切な語を書きなさい。

点UP □ ① 私はたいてい，ここでぼうしをぬぎます。

I usually ＿＿＿＿ ＿＿＿＿ my cap here.

□ ② デイビッドは毎朝コーヒーを飲みます。

David drinks coffee ＿＿＿＿ ＿＿＿＿.

❺ 次の文を(　)内の指示に従って書きかえるとき，＿＿に適切な語を書きなさい。

□ ① You enjoy cooking. (主語をJennyにかえて)

Jenny ＿＿＿＿ cooking.

□ ② Kei has a brother. (疑問文に)

＿＿＿＿ Kei ＿＿＿＿ a brother?

ヒント

❶

③⑩月の名前は大文字で始める。

④⑤形容詞。

⑦tで始まる語。カタカナ語として使われることもある。

❸

①theseに注目。

②coldは「寒い」という意味。

❹

①「～をぬぐ」という意味を2語で表す。

②「毎～」と言うときの表現。

・every day「毎日」
・every week「毎週」
・every Monday「毎週月曜日」

❺

①Jennyは三人称・単数。

② ミスに注意
三人称・単数が主語のときの疑問文は文頭の語や動詞の形を考える。

Step 3 予想テスト PROGRAM 5 ~ Word Web 3 The Junior Safety Patrol

30分　/100点　目標 80点

1 日本語に合う英文になるように，____に適切な語を書きなさい。 技　15点（各完答5点）

1. マサキは毎日，英語を勉強します。
   Masaki _____ _____ every day.
2. サオリは同じかばんを持っています。
   Saori _____ the _____ bag.
3. 私の父はしばしば家で働きます。
   My father often works _____ _____.

2 日本語に合う英文になるように，(　)内の語句を並べかえなさい。 技　15点（各5点）

1. あなたの姉は昼食を作りますか。 (sister / does / your / lunch / make)?
2. ここで私たちのくつをぬぎましょう。 (our / shoes / take / let's / off) here.
3. メグは日曜日にピアノを練習しません。
   (the piano / doesn't / Meg / practice) on Sunday.

3 次の対話文について(　)に入れるのに最も適切な文を選び，記号で答えなさい。 技　12点（各6点）

1. *Boy*: Does Ann have a sister?
   Girl: (　　) Her name is Sherry.
   ア Yes, she does.　イ No, she doesn't.　ウ Yes, she is.　エ No, she isn't.
2. *Girl*: I often take pictures with my father on weekends.
   Boy: Oh, really? (　　)
   ア Yes, I do.　イ That's new to me.　ウ No, he doesn't.
   エ He's not my grandpa.

4 次の対話文を読んで，あとの問いに答えなさい。 技　34点

Daniel: This is my cousin Jenny.
Mao: She's cool.
Daniel: She's a member (①) the Junior Safety Patrol.
Ken: ②(　　　) she (　　　) her job?
Daniel: Yes, she does. ③(it / proud / she's / of) too.
Mao: It's an important job.

❶ ①の(　)に適切な語を次から１つ選び，記号で答えなさい。 (6点)

ア on　イ in　ウ of　エ at

❷ 下線部②が「彼女は仕事を楽しんでいますか。」という意味になるように，(　)に適切な語を１語ずつ答えなさい。 (完答6点)

❸ 下線部③の(　)内の語を正しく並べかえなさい。 (7点)

❹ 次の文が対話文の内容に合っていれば○，異なっていれば×を書きなさい。 (各5点)

1．ジェニーはダニエルの姉です。

2．真央はジェニーのことをかっこいいと思っています。

3．真央はジェニーの仕事は重要だと言っています。

❺ 次の場合，英語でどのように言いますか。(　)内の語数で書きなさい。 表 24点(各8点)

❶ ジョン(John)はじょうずに日本語を話すと言う場合。（4語）

❷ 自分の母は夏が好きではないと言う場合。（5語）

❸ 相手に，お兄さんはギターをひくかたずねる場合。（6語）

❶	❶		
	❷		
	❸		
❷	❶		?
	❷		here.
	❸		on Sunday.
❸	❶	❷	
❹	❶	❷	
	❸		too.
	❹ 1	2	3
❺	❶		
	❷		
	❸		

PROGRAM 5 ~ Word Web 3

教科書 pp.69-78

Step 1 基本チェック　PROGRAM 6 ~ Word Web 4 The Way to School

5分

赤シートを使って答えよう！

1 [目的語になる代名詞]　[　]内から適切な語を選ぼう。

解答欄

□ 1 This is my sister Rika. I like [him / her].
□ 2 That is my friend Kota. I like [him / her] very much.
□ 3 They are my uncle and aunt. I often visit [him / them].
□ 4 I have two dogs. I love [it / them].

1
2
3
4

2 [所有を表す代名詞]　[　]に適切な語を入れよう。

□ 1 このぼうしは彼女のものです。
This hat is [hers].

□ 2 あの腕時計は彼のものです。
That watch is [his].

□ 3 これらのカップは私たちのものです。
These cups are [ours].

□ 4 これらのボールは彼らのものです。
These balls are [theirs].

1
2
3
4

3 [理由をたずねる文]　[　]に適切な語を入れよう。

□ 1 なぜあなたは図書館に行きますか。
[Why] do you go to the library?

□ 2 なぜなら私は本が好きだからです。(1の答え)
[Because] I like books.

1
2

4 [順番・日付の言い方]　[　]内から適切な語を選ぼう。

□ 1 What's the [day / date] today?
— It's May [seventeenth / seventeen].

□ 2 My birthday is October [first / one]. When is your birthday?
— My birthday is March [twenty-three / twenty-third].

1
2

POINT

❶ [目的語になる代名詞] 「彼を[に / が]」はhim, 「彼女を[に / が]」はherを使う。

・This is my uncle. He is a teacher. I like him very much.
[こちらは私のおじです。彼は先生です。私は彼がとても好きです。]

・This is my sister. She is a high school student. I love her.
[こちらは私の姉[妹]です。彼女は高校生です。私は彼女が大好きです。]

❷ [所有を表す代名詞] 「〜の」, 「〜のもの」と言うときは, 所有を表す代名詞を使う。

・This is his bag. [これは彼のかばんです。] 「彼の」はhisで表す。
・This bag is his. [このかばんは彼のものです。] 「彼のもの」はhisで表す。
・That is her umbrella. [あれは彼女のかさです。] 「彼女の」はherで表す。
・That umbrella is hers. [あのかさは彼女のものです。] 「彼女のもの」はhersで表す。
・These are our bikes. [これらは私たちの自転車です。] 「私たちの」はourで表す。
・These bikes are ours. [これらの自転車は私たちのものです。] 「私たちのもの」はoursで表す。
・These are their books. [これらは彼らの本です。] 「彼らの」はtheirで表す。
・These books are theirs. [これらの本は彼らのものです。] 「彼らのもの」はtheirsで表す。

人称	単数				複数			
	主語のとき 〜は[が]	所有を表すとき 〜の	目的語のとき 〜を[に/が]	所有を表すとき 〜のもの	主語のとき 〜は[が]	所有を表すとき 〜の	目的語のとき 〜を[に/が]	所有を表すとき 〜のもの
一人称	I	my	me	mine	we	our	us	ours
二人称	you	your	you	yours	you	your	you	yours
三人称	he	his	him	his	they	their	them	theirs
	she	her	her	hers				
	it	its	it	—				

❸ [理由をたずねる文] 「なぜ〜ですか。」と理由をたずねるときにはwhyを使い, 文頭に置く。
whyでたずねられて, 「〜だから」と理由を答えるときにはBecauseで文を始める。

・Why do you like baseball? [なぜあなたは野球が好きなのですか。]
　Why:「なぜ」　do you like baseball:疑問文の語順

— Because it's exciting. [なぜならそれはわくわくするからです。]
　Because:「なぜなら〜だから」　it's exciting:ふつうの文

❹ [順番・日付の言い方] 日付は順番の言い方を使って表す。

・What's the date today? [今日の日付は何ですか。]
— It's October 11. ← 順番の言い方を使う。 [10月11日です。]

Step 2 予想問題 PROGRAM 6 ~ Word Web 4 The Way to School

30分 (1ページ15分)

❶ ❶～❻は単語の意味を，❼～⓬は日本語を英語になおしなさい。

□❶ movie ( ) □❷ hour ( )
□❸ parent ( ) □❹ tell ( )
□❺ way ( ) □❻ there ( )
□❼ 壁 ______ □❽ (時間が)早く ______
□❾ 彼女を[に] ______ □❿ 彼を[に] ______
□⓫ 分かち合う ______
□⓬ 今(は)，現在(では) ______

❷ 次の語で最も強く発音する部分の記号を答えなさい。

□❶ ath-lete (ア イ) ( ) □❷ mu-si-cian (ア イ ウ) ( )

❸ ( )内に入れるのに最も適切な語を，㋐～㋓から選んで○で囲みなさい。

□❶ We walk ( ) the street.
㋐ with ㋑ across ㋒ at ㋓ of

□❷ You can read this book ( ).
㋐ easily ㋑ cloudy ㋒ safety ㋓ every

□❸ A: Where is the bookstore?
B: It's on the third ( ).
㋐ escalator ㋑ leader ㋒ date ㋓ floor

❹ 日本語に合う英文になるように，____に適切な語を書きなさい。

□❶ まさか。[そんなばかな。] ______ way!

□❷ 私は毎朝早く起きます。
I ______ ______ early every morning.

□❸ 彼は有名なサッカー選手だよね。
He's a famous soccer player, ______ ______.

点UP □❹ 私の家はコンビニエンスストアの隣にあります。
My house is ______ ______ the convenience store.

ヒント

❶
❷hは発音しない。
❽速度ではなく，時間について表す。
⓫カタカナ語として使われることもある。

❸
❶空所のあとのstreet「街路，通り」に注目。
❷「この本を～に読むことができる」という意味になる。
❸Aは書店の場所をたずねている。

❹
❷「起きる」という意味を2語で表す。
❸「あなたは知っているよね」という意味あいで使う。
❹「～の隣に」という意味を2語で表す。

5 次の＿＿に適切な語を下から選んで書きなさい。ただし，同じ語を２度使うことはできません。

□ ❶ This is my sister Meg. I like ＿＿＿＿＿＿.

□ ❷ That is Mr. Smith. I know ＿＿＿＿＿＿.

□ ❸ Look at these flowers. They are ＿＿＿＿＿＿.

him	her	them	ours

6 次の文に対する応答として適切な文を，(　)内の指示に従って英語で書きなさい。

□ ❶ Why do you like this song?（「かっこいいから」と答える）

＿＿＿＿＿＿＿＿＿＿＿＿＿＿＿＿＿＿＿＿

得点UP □ ❷ What's the date today?（「9月28日」と答える）

＿＿＿＿＿＿＿＿＿＿＿＿＿＿＿＿＿＿＿＿

□ ❸ My birthday is May 12. When is your birthday?（「2月1日」と答える）

＿＿＿＿＿＿＿＿＿＿＿＿＿＿＿＿＿＿＿＿

7 日本語に合う英文になるように，(　)内の語を並べかえなさい。

□ ❶ なぜマイクはサッカーをしますか。
(Mike / play / soccer / why / does)?

＿＿＿＿＿＿＿＿＿＿＿＿＿＿＿＿＿＿＿＿?

□ ❷ 私は彼らを知りません。
(know / I / them / don't).

＿＿＿＿＿＿＿＿＿＿＿＿＿＿＿＿＿＿＿＿.

□ ❸ これらのくつは彼女のものです。
(these / are / shoes / hers).

＿＿＿＿＿＿＿＿＿＿＿＿＿＿＿＿＿＿＿＿.

8 次の日本語を英文にしなさい。

□ ❶ 私は彼といっしょに学校に行きます。

＿＿＿＿＿＿＿＿＿＿＿＿＿＿＿＿＿＿＿＿

□ ❷ あなたは彼女を知っていますか。

＿＿＿＿＿＿＿＿＿＿＿＿＿＿＿＿＿＿＿＿

ヒント

5
❶ Megは女性。
❷ Mr. Smithは男性。
❸「～のもの」を表す語が入る。

6
❶ 理由をたずねている。
❷❸ ミスに注意
日付は順番を表す語を使う。

7
❶ 理由をたずねる文はどの語で始めるかを考える。
❷「彼らを」はthem。knowの目的語になっている。
❸「それらのくつは」が主語。

8
❶「～といっしょに」はwithを使う。
❷「彼女を」を表し，目的語になる代名詞を考える。

教科書 pp.69-78

Step 3 予想テスト PROGRAM 6 ~ Word Web 4 The Way to School

30分　/100点　目標 80点

❶ 日本語に合う英文になるように，____に適切な語を書きなさい。技　15点(各完答5点)

❶ あの人は私の友だちのポールです。あなたは彼を知っていますか。
That is my friend Paul. Do you ______ ______?

❷ 今日の日付は何ですか。
______ the ______ today?

❸ あなたはしばしばその公園に行きます。あなたはそこで何をしますか。
You often go to the park. ______ do you do ______?

❷ 日本語に合う英文になるように，(　)内の語句を並べかえなさい。技　15点(各5点)

❶ このカメラは彼女のものではありません。(camera / not / hers / this / is).

❷ 私はそれらがとても好きです。(like / I / very / them / much).

❸ なぜあなたは彼の本を読みますか。(do / read / you / his books / why)?

❸ 次の対話文について(　)に入れるのに最も適切な文を選び，記号で答えなさい。技　12点(各6点)

❶ *Boy*: (　　), but where is the sports shop?
Staff: Take the elevator and go up to the fifth floor.
ア Look at this　イ Here you are　ウ I see　エ Excuse me

❷ *Girl*: Thank you for the beautiful flowers.
Woman: (　　)
ア You're welcome.　イ How about you?　ウ Really?　エ Yes, I do.

❹ 次の対話文を読んで，あとの問いに答えなさい。技　34点

エミリーと健が，ある映画について話しています。

Emily: He's Jackson. We can see him in a movie.
Ken: Tell me about ①him.
Emily: Every morning he runs and walks 15 kilometers to school. It takes two hours.
Ken: Wow!
Emily: He goes to school with his sister.
Ken: I can see giraffes beyond (②).
Emily: He walks across the savanna with her.

❶ 下線部①が指す人物を英語で書きなさい。 (6点)

❷ ②の( )に適切な語を次から選び,記号で答えなさい。 (7点)

ア they　　イ their　　ウ them　　エ theirs

❸ 対話文の内容に合うように,( )に適切な日本語を書きなさい。 (各7点)

1. ジャクソンは毎朝15キロメートルを(　　)かけて走ったり歩いたりします。
2. ジャクソンは妹といっしょに(　　)に行きます。
3. ジャクソンたちは(　　)のいるサバンナを歩きます。

❺ 次の場合,英語でどのように言いますか。( )内の語を使って書きなさい。表 24点(各8点)

❶ 友だちの好きな女の子について,自分もまた彼女が好きだと言う場合。 (too)

❷ 相手に,なぜ毎週日曜日に学校に行くのかたずねる場合。 (Sundays)

❸ 私の誕生日は6月5日だと言う場合。 (birthday)

❶	❶		
	❷		
	❸		
❷	❶	.	
	❷	.	
	❸	?	
❸	❶	❷	
❹	❶	❷	
	❸	1	2
		3	
❺	❶		
	❷		
	❸		

教科書 pp.79-94

Step 1 基本チェック　PROGRAM 7 ~ Power-Up 5 Research on Australia

5分

赤シートを使って答えよう！

❶ [There is[are] ～.]　[ ]に適切な語を入れよう。

解答欄

□ ❶ そのテーブルの上に1枚の写真があります。
[There] [is] a picture on the table.

□ ❷ その机の下に2つのかばんがあります。
[There] [are] two bags under the desk.

□ ❸ この部屋には1つもいすがありません。
There [are] [not] any chairs in this room.

□ ❹ あなたの部屋にはいくつかの本がありますか。
[Are] [there] any books in your room?

□ ❺ はい，あります。(❹の答え)
── Yes, [there] [are].

□ ❻ いいえ，ありません。(❹の答え)
── No, [there] [aren't].

❷ [手段・方法をたずねる文]　[ ]に適切な語を入れよう。

□ ❶ あなたはどのようにここに来ますか。
[How] do you come here?

□ ❷ バスでです。(❶の答え)
[By] bus.

❸ [「だれが」とたずねる文]　[ ]内から適切な語を選ぼう。

□ ❶ [Who / How] plays this guitar?

□ ❷ Paul [do / does].(❶の答え)

❹ [時刻をたずねる文]　[ ]に適切な語を入れよう。

□ ❶ 何時ですか。
[What] [time] is it?

□ ❷ 2時30分です。(❶の答え)
It's [two] [thirty].

❺ [数をたずねる文]　[ ]内から適切な語を選ぼう。

□ ❶ [What / How] many caps do you have?

□ ❷ I have three [cap / caps].(❶の答え)

POINT

❶ [There is[are] ~.] 初めて話題にするものや人の存在について「~があります[います]。」と言うときは，〈There is[are] ~.〉を使う。be動詞のあとに置く名詞が単数ならis，複数ならareを使う。

・〔肯定文〕 There is a park in my town. ［私の町には1つの公園があります。］
　is a park：単数　in my town：〈in[on/at など]＋場所〉「～に」

　There are three parks in my town. ［私の町には3つの公園があります。］
　are three parks：複数

・〔否定文〕 There are not any department stores in my town. ［私の町には1つもデパートがありません。］
　aren't　be動詞のうしろにnot。　any：「(否定文で)何も，1つも」

・〔疑問文〕 Are there any parks in your town? ［あなたの町にはいくつか公園はありますか。］
　thereの前にbe動詞。　any：「(疑問文で)何か，いくつか」　?(クエスチョンマーク)をつける。

── Yes, there are. / No, there aren't. ［はい，あります。/ いいえ，ありません。］
　答えるときもthereを使う。

❷ [手段・方法をたずねる文] 「どのように～しますか。」とたずねるときはhowを文頭に置く。

・How do you come to school? ［どのようにあなたは学校に来ますか。］
　How：「どのように」

── By bike. [I come to school by bike.] ［自転車でです。［私は自転車で学校に来ます。］］
　by bike：〈by＋交通手段〉「～で」

❸ [「だれが」とたずねる文] 「だれが～しますか。」とたずねるときはwhoを文頭に置く。

・Who likes music? ［だれが音楽を好きですか。］
　Who：「だれが」　whoは三人称・単数扱い。動詞に-sをつける。

── Daniel does. ［ダニエルが好きです。］
　主語に合わせてdoかdoesを使う。

❹ [時刻をたずねる文] 時刻をたずねるときはwhat timeを使う。

・What time is it? ［何時ですか。］
　What time：「何時」　it：主語はitを使う。「それは」とは訳さない。

── It's[It is] ten thirty. ［10時30分です。］
　itで答える　ten thirty：〈～時を表す数 ＋ …分を表す数〉

❺ [数をたずねる文] 〈how many＋名詞の複数形〉を文頭に置き，疑問文の形を続ける。

・How many pens do you have? ［あなたはいくつペンを持っていますか。］
　How many：「いくつ～」　pens：名詞の複数形

── I have five pens. ← 数を答える。［私はペンを5本持っています。］

Step 2 予想問題 PROGRAM 7 ~ Power-Up 5 Research on Australia

30分 (1ページ15分)

❶ ❶～❻は単語の意味を，❼～⓬は日本語を英語になおしなさい。

- □ ❶ country (　　　)
- □ ❷ museum (　　　)
- □ ❸ near (　　　)
- □ ❹ plane (　　　)
- □ ❺ also (　　　)
- □ ❻ example (　　　)
- □ ❼ 生活，人生 ＿＿＿
- □ ❽ 何か ＿＿＿
- □ ❾ 来る ＿＿＿
- □ ❿ 自動車 ＿＿＿
- □ ⓫ 教える ＿＿＿
- □ ⓬ 電車，列車 ＿＿＿

❷ 次の各組の下線部の発音が同じなら○，異なれば×を書きなさい。

- □ ❶ s_i_te / sh_i_p (　　)
- □ ❷ ch_e_ck / _e_xample (　　)
- □ ❸ c_a_ke / pl_a_ne (　　)

❸ (　)内に入れるのに最も適切な語を，㋐～㋓から選んで○で囲みなさい。

□ ❶ Let's eat lunch (　　).
㋐ over　㋑ far　㋒ school　㋓ outside

□ ❷ English is a (　　).
㋐ light　㋑ live　㋒ language　㋓ little

□ ❸ I want to go to Australia (　　).
㋐ reason　㋑ someday　㋒ there　㋓ everyone

❹ 日本語に合う英文になるように，＿＿に適切な語を書きなさい。

□ ❶ 楽しそうですね。
＿＿＿ fun.

□ ❷ あそこに１つのボールがあります。
There is a ball ＿＿＿ ＿＿＿.

点UP □ ❸ 私たちを案内して回ってください。
Please ＿＿＿ us ＿＿＿.

□ ❹ 私の父はたくさんの本を持っています。
My father has a ＿＿＿ ＿＿＿ books.

ヒント

❶
❷いろいろなものが展示されている場所。
❹乗り物を表す語。
❽不特定のもの[こと]を表す代名詞。２つの単語を組み合わせたつづりをしている。
⓫teacher「先生」の動詞の形。

❸
❶「外は[で，に]」を表す語。
❷「英語は１つの～です。」という意味になる。
❸「いつか」という意味を表す語。

❹
❶「～に聞こえる」という意味の語。主語itが省略されている。
❷「あそこに」という意味を２語で表す。
❸「～を案内して回る」という意味を表す語句。
❹「たくさんの～」という意味を３語で表す。

❺ 次の＿＿に適切な語を下から選んで書きなさい。ただし，同じ語を２度使うことはできません。

□ ❶ It's winter ＿＿＿＿ Japan now.

□ ❷ ＿＿＿＿ example, you can see koalas.

□ ❸ We can go there ＿＿＿＿ plane.

by	on	in	for

❻ 次の文に対する応答として適切な文を，(　)内の指示に従って英語で書きなさい。ただし，数字も英語で書くこと。

□ ❶ Is there a museum in your town?（「はい，あります。」と答える）

＿＿＿＿＿＿＿＿＿＿＿＿＿＿＿＿

□ ❷ What time is it?（「10時50分です。」と答える）

＿＿＿＿＿＿＿＿＿＿＿＿＿＿＿＿

□ ❸ Who speaks English?（「私の姉が話します。」と答える）

＿＿＿＿＿＿＿＿＿＿＿＿＿＿＿＿

❼ 日本語に合う英文になるように，(　)内の語を並べかえなさい。

□ ❶ その屋根の上に３羽の鳥がいます。
(birds / are / on / three / there) the roof.

＿＿＿＿＿＿＿＿＿＿＿＿＿＿ the roof.

□ ❷ タカシはどのように学校に来ますか。
(Takashi / how / school / come / does / to)?

＿＿＿＿＿＿＿＿＿＿＿＿＿＿?

❽ (　)内の語句を使って，次の日本語を英文にしなさい。

□ ❶ 私の市には１つの動物園があります。(there, a zoo)

＿＿＿＿＿＿＿＿＿＿＿＿＿＿＿＿

得点UP □ ❷ そのテーブルの上にカップはいくつありますか。(on the table)

＿＿＿＿＿＿＿＿＿＿＿＿＿＿＿＿

□ ❸ ここにコアラは１匹もいません。(there aren't)

＿＿＿＿＿＿＿＿＿＿＿＿＿＿＿＿

ヒント

❺
❶「日本(の中)で」と場所を表す。
❷「たとえば」という意味にする。
❸「飛行機で」と手段を表す。

❻
❶Is there ～?の文にはthereを使って答える。
❷主語はitを使う。
❸ ミスに注意 答えるときは主語に合わせてdoまたはdoesを使う。

❼
❶「～がいます」と表す文はどの語で始めるかを考える。
❷「どのように」と手段などをたずねるときに使う語で始める。

❽
❶「１つの動物園」は単数。
❷「いくつ」と数をたずねる。
❸否定文で「何も，１つも」と言うときはanyを使う。

Step 3 予想テスト PROGRAM 7 ~ Power-Up 5 Research on Australia

30分 /100点 目標 80点

❶ 日本語に合う英文になるように，____に適切な語を書きなさい。 技 15点（各完答5点）

❶ 私の町には１つの有名な神社があります。

_____ _____ a famous shrine in my town.

❷ たとえば，私たちはそこでパーティーをすることができます。

_____ _____, we can have a party there.

❸ あなたは何匹のネコを飼っていますか。

_____ _____ _____ do you have?

❷ 日本語に合う英文になるように，(　)内の語句を並べかえなさい。 技 15点（各5点）

❶ 私には２つの理由があります。（ two / I / reasons / have).

❷ その公園にはいくつか木はありますか。（ trees / are / in / the / there / any ）park?

❸ 私は私の家族についてお話ししたいと思います。（ my family / talk / I'd / like to / about).

❸ 次の対話文について(　)に入れるのに最も適切な文を選び，記号で答えなさい。 技 12点（各6点）

❶ *Girl*: I have a picture of my dog.（　　）

Boy: Oh, it's really cute.

ア Here it is.　イ Yes, I can.　ウ It's cool.　エ Sounds fun.

❷ *Woman*: How do you go to school?

Boy: （　　）

ア Near my house.　イ Yes, let's.　ウ I'm full.　エ By train.

❹ 次の対話文を読んで，あとの問いに答えなさい。 技 34点

健とエミリーがパソコンを見ながら，オーストラリアについて話しています。

Emily: It's the Opera House.

Ken: Wow! ①It's so beautiful.

Emily: We also have the Great Barrier Reef.

Ken: I want to see it.

Emily: There (　②　) many unique animals too.

Ken: I know! Koalas and kangaroos are so cute.

❶ 下線部①が指すものを文中から見つけて, 英語 3 語で答えなさい。 (6点)

❷ ②の(　)に適切な 1 語を書きなさい。 (6点)

❸ 次の質問に英語 2 語で答えなさい。 (7点)

Who wants to see the Great Barrier Reef?

❹ 次の文が対話文の内容に合っていれば○, 異なっていれば×を書きなさい。 (各5点)

1. エミリーはオペラハウスを紹介しています。
2. 健はグレートバリアリーフが美しいと言っています。
3. 健はオーストラリアに独特の動物がいることを知っています。

❺ 次の場合, 英語でどのように言いますか。(　)内の語を使って書きなさい。ただし, 数字も英語で書くこと。表

24点(各8点)

❶ その箱の中に10個のたまごがあると言う場合。 (there)

❷ 相手に時刻をたずねる場合。 (time)

❸ どのように自分たちはその駅に行くことができるかたずねる場合。 (station)

❶	❶			
	❷			
	❸			
❷	❶	.		
	❷	park?		
	❸	.		
❸	❶	❷		
❹	❶			❷
	❸			
	❹	1	2	
		3		
❺	❶			
	❷			
	❸			

Step 1 基本チェック PROGRAM 8 ~ Steps 5 The Year-End Events

5分

赤シートを使って答えよう！

❶ [現在進行形の文] [ ]内から適切な語を選ぼう。

解答欄

- □ ❶ I'm [study / studying] now.
- □ ❷ My sister [is / are] cooking now.
- □ ❸ We [are / is] listening to music.
- □ ❹ The boys are [play / playing] soccer.

❶
❷
❸
❹

❷ [現在進行形の否定文] [ ]に適切な語を入れよう。

- □ ❶ 私は今，絵を描いていません。
  I'm [not] drawing a picture now.
- □ ❷ メグは今，踊っていません。
  Meg [isn't] dancing now.
- □ ❸ 私たちは部屋を掃除していません。
  We [are] [not] cleaning the room.
- □ ❹ 彼らは歌を歌っていません。
  They [aren't] singing a song.

❶
❷
❸
❹

❸ [現在進行形の疑問文と答え方] [ ]に適切な語を入れよう。

- □ ❶ あなたは今，紅茶を飲んでいますか。
  [Are] you drinking tea now?
- □ ❷ はい，飲んでいます。(❶の答え)
  Yes, I [am].
- □ ❸ トムは今，テレビを見ていますか。
  [Is] Tom watching TV now?
- □ ❹ いいえ，見ていません。(❸の答え)
  No, he [isn't].

❶
❷
❸
❹

❹ [「(今)何をしていますか。」とたずねる文] [ ]に適切な語を入れよう。

- □ ❶ あなたは今，何をしていますか。
  [What] are you doing now?
- □ ❷ 私は本を読んでいます。(❶の答え)
  I'm [reading] a book.

❶
❷

POINT

❶［現在進行形の文］「(今)～しています。」と進行中の動作を表すときは，〈be動詞(am, are, is)＋動詞の-ing形〉で表す。

・〔現在形〕 My father runs every morning. ［私の父は毎朝走ります。］
今の状態やふだんの習慣などを表す。

・〔現在進行形〕My father is running now. ［私の父は今，走っています。］
〈be動詞＋動詞の-ing形〉現在の一時点で進行中の動作を表す。

・動詞の-ing形の作り方

1. 語尾に-ingをつける。
do → doing / go → going / read → reading / clean → cleaning
try → trying / study → studying / listen → listening / watch → watching
2. 語尾のeをとって-ingをつける。
use → using / make → making / come → coming / dance → dancing
3. 語尾の子音字を重ねて-ingをつける。
run → running / sit → sitting / swim → swimming

❷［現在進行形の否定文］「(今)～していません。」は，be動詞のうしろにnotを置く。

・〔肯定文〕They are watching TV now. ［彼らは今，テレビを見ています。］
・〔否定文〕They are not watching TV now. ［彼らは今，テレビを見ていません。］
aren't　be動詞のうしろにnotを置く。

❸［現在進行形の疑問文と答え方］「(今)～していますか。」とたずねるときは，be動詞を主語の前に出す。

・〔肯定文〕 She is studying math now. ［彼女は今，数学を勉強しています。］
be動詞を主語の前に出す。
・〔疑問文〕Is she studying math now? ［彼女は今，数学を勉強していますか。］
最後に?(クエスチョンマーク)をつける。

── Yes, she is. / No, she is not. ［はい，しています。/ いいえ，していません。］
isn't

❹［「(今)何をしていますか。」とたずねる文］ whatで始まる現在進行形の疑問文で表す。

・What are you doing? ［あなたは何をしていますか。］
whatを文頭に置く。そのあとに現在進行形の疑問文の語順を続ける。

── I'm watching TV. ［私はテレビを見ています。］
具体的に何をしているか答える。（Yes / Noは使わない。）

PROGRAM 8 ~ Steps 5

Step 2 予想問題 PROGRAM 8 ~ Steps 5 The Year-End Events

30分 (1ページ15分)

❶ ❶～❻は単語の意味を，❼～❿は日本語を英語になおしなさい。

□ ❶ need ( )　□ ❷ wait ( )

□ ❸ New Year ( )　□ ❹ wipe ( )

□ ❺ bathroom ( )　□ ❻ traditional ( )

□ ❼ 助ける，手伝う，助け，手伝い ＿＿＿＿

□ ❽ 全部，全員，すべて，まったく，すっかり ＿＿＿＿

□ ❾ 空中，空 ＿＿＿＿　□ ❿ 感じる ＿＿＿＿

❷ 次の語で最も強く発音する部分の記号を答えなさい。

□ ❶ vi-o-lin ( )
　ア イ ウ

□ ❷ straw-ber-ry ( )
　ア イ ウ

❸ ( )内に入れるのに最も適切な語を，㋐～㋓から選んで○で囲みなさい。

□ ❶ We are not doing ( ) now.
㋐ anything　㋑ book　㋒ help　㋓ study

□ ❷ I'm reading a ( ).
㋐ fishing　㋑ magazine　㋒ TV　㋓ bath

□ ❸ Please ( ) some potatoes.
㋐ write　㋒ come　㋒ mash　㋓ hear

❹ 日本語に合う英文になるように，＿＿に適切な語を書きなさい。

□ ❶ もちろん。
＿＿＿＿ course.

□ ❷ そのコンピュータを消しなさい。
＿＿＿＿ ＿＿＿＿ the computer.

点UP □ ❸ テニスをしませんか。
＿＿＿＿ ＿＿＿＿ we play tennis?

□ ❹ その窓を開けてもらえますか。
＿＿＿＿ ＿＿＿＿ open the window?

ヒント

❶
❺部屋の種類の１つ。
❻古くから伝えられている様子を表す形容詞。

❸
❶「何も」という意味を表す語が入る。
❷readは「読む」という意味。
❸potato「ジャガイモ」をどうするかを考える。

❹
❷「消す」を２語で表す。
❸「～しませんか」と提案する表現。
❹「～してもらえますか」と相手に依頼する表現。

ヒント

❺ 次の文を( )内の指示に従って書きかえるとき, ____ に適切な語を書きなさい。

□ ❶ I make my breakfast.（現在進行形の文に）
____ ____ my breakfast.

□ ❷ Mark is playing the violin.（疑問文に）
____ Mark ____ the violin?

□ ❸ The students are cleaning the park.（否定文に）
The students ____ ____ ____ the park.

❺
❶空所に合わせて短縮形を使う。
❷be動詞を主語の前に出す。
❸ ミスに注意 notを置く位置に注意する。

❻ 次の文に対する応答として適切な文を, ( )内の指示に従って英語で書きなさい。

□ ❶ Is Helen washing the dishes now?（「はい，そうです。」と答える）
____

点UP □ ❷ Can you help me?（「申し訳ない，(私は)できません。」と3語で答える）
____

□ ❸ What are you doing?（「私は音楽を聞いています。」と答える）
____

❻
❶Helenは女性。
❷「～してもらえますか」とたずねている。
❸be動詞を主語に合わせる。

❼ 日本語に合う英文になるように, ( )内の語を並べかえなさい。

□ ❶ 私たちは今，昼食を食べています。
(lunch / are / we / eating) now.
____ now.

□ ❷ あなたの弟は何をしていますか。
(is / brother / what / your / doing)?
____ ?

❼
❶現在進行形の文。
❷「何を」を表す語で始める。

❽ 次の日本語を英文にしなさい。

□ ❶ 私は今，英語を勉強しています。
____

□ ❷ その少女は彼女のイヌといっしょに歩いています。
____

❽
❶「勉強する」を表す動詞に-ingをつける。
❷「いっしょに」はwithで表す。

Step 3 予想テスト　PROGRAM 8 ~ Steps 5 The Year-End Events

30分　/100点　目標 80点

1 日本語に合う英文になるように，____に適切な語を書きなさい。技　15点(各完答5点)

1 その子どもたちは歌を歌っています。
The children _____ _____ a song.

2 サムは今，サッカーをしています。
Sam _____ _____ soccer now.

3 私は今，何もしていません。
_____ _____ doing anything now.

2 日本語に合う英文になるように，(　)内の語句を並べかえなさい。技　15点(各5点)

1 あなたは夕食を作っていますか。(making / you / dinner / are)?

2 1人の芸術家が絵を描いています。(a picture / is / drawing / an artist).

3 彼らは今，何をしていますか。(now / are / they / what / doing)?

3 次の対話文について(　)に入れるのに最も適切な文を選び，記号で答えなさい。技　12点(各6点)

1 *Boy*: Are you reading a book?
Girl: (　　) This book is really interesting.
ア Yes, I am.　イ No, I'm not.　ウ Yes, I do.　エ No, I don't.

2 *Mother*: Can you help me?
Boy: (　　) I'm not busy now.
ア Oh, no way!　イ Sorry, I can't.　ウ All right.　エ No, I'm not.

4 次の対話文を読んで，あとの問いに答えなさい。技　34点

ダニエルの母(Helen)は，おせち料理を作っています。

Helen: Daniel! Where are you? I need your help.
Daniel: I'm ①(come). (②) are you doing, Mom?
Helen: I'm ③(mash) sweet potatoes. It's very hard.
Daniel: OK. I can do it for you.
Are you making potato salad?
Helen: No, I'm not. I'm making *kurikinton*.

❶ 下線部①③の( )内の動詞を適切な形にしなさい。 (各7点)

❷ ②の( )に適切な語を次から選び, 記号で答えなさい。 (6点)

ア Why　イ What　ウ When　エ How

❸ 対話文の内容に合うように, 次の問いに( )内の語数の英語で答えなさい。 (各7点)

1 . Is Helen making potato salad? (3)

2 . Can Daniel help his mother? (3)

❺ 次の場合, 英語でどのように言いますか。( )内の語を使って書きなさい。ただし, 必要であれば形をかえること。 表 24点(各8点)

❶ 私は今, このテーブルをふいていると言う場合。 (wipe)

❷ 相手に今, 何をしているかたずねる場合。 (do)

❸ 私たちの先生は, そのコンピュータを使っていないと言う場合。 (use)

❶	❶			
	❷			
	❸			
❷	❶	?		
	❷	.		
	❸	?		
❸	❶	❷		
❹	❶	①	③	❷
	❸	1		
		2		
❺	❶			
	❷			
	❸			

Step 1 基本チェック PROGRAM 9 ~ Steps 6 A Trip to Finland

5分

赤シートを使って答えよう！

❶ [規則動詞の過去形] [ ]内から適切な語を選ぼう。

解答欄

□ ❶ I [study / studied] English yesterday.
□ ❷ Miki [cooks / cooked] curry and rice last Sunday.
□ ❸ We [listened / listen] to music an hour ago.
□ ❹ You [wash / washed] the dishes last night.

❶
❷
❸
❹

❷ [不規則動詞の過去形] [ ]内から適切な語を選ぼう。

□ ❶ We [eat / ate] some strawberries yesterday.
□ ❷ Bill [saw / sees] Ann two days ago.
□ ❸ My team [won / win] last Saturday.
□ ❹ The students [have / had] fun at the party last Friday.

❶
❷
❸
❹

❸ [過去の疑問文と答え方] [ ]に適切な語を入れよう。

□ ❶ あなたは昨日，テニスをしましたか。
[Did] you play tennis yesterday?
□ ❷ はい，しました。(❶の答え)
Yes, I [did].
□ ❸ ケンは先週，奈良を訪ねましたか。
Did Ken [visit] Nara last week?
□ ❹ いいえ，訪ねませんでした。(❸の答え)
No, he [didn't].

❶
❷
❸
❹

❹ [過去の否定文] [ ]に適切な語を入れよう。

□ ❶ 私は昨日，ギターをひきませんでした。
I [did] [not] play the guitar yesterday.
□ ❷ スーは昨夜，踊りませんでした。
Sue did not [dance] last night.
□ ❸ 私たちは先週末，映画を見ませんでした。
We [didn't] watch a movie last weekend.
□ ❹ 私の父はこの前の月曜日，働きませんでした。
My father [didn't] [work] last Monday.

❶
❷
❸
❹

POINT

❶［規則動詞の過去形］「～しました。」と過去を表すとき，規則動詞は語尾に-(e)dをつける。

・I played tennis last Monday. ［私はこの前の月曜日，テニスをしました。］
過去形 ←語尾に-edをつける。

・規則動詞の過去形の作り方

1. 語尾に-edをつける。
play → played（[d]と発音）/ cook → cooked（[t]と発音）/ visit → visited（[id]と発音）
2. 語尾に-dだけつける。
use → used（[d]と発音）/ like → liked（[t]と発音）
3. 語尾のyをiに変えて-edをつける。
study → studied（[d]と発音）
4. 語尾の子音字を重ねて-edをつける。
stop → stopped（[t]と発音）

❷［不規則動詞の過去形］ 不規則動詞の過去形はまったく違った形に変わる。

・Yuki got up at six yesterday. ［ユキは昨日，6時に起きました。］
過去形 ←形が変わる。

〈不規則動詞の例〉

原形	過去形	原形	過去形	原形	過去形
go	went	do	did	see	saw
eat	ate	have	had	get	got
take	took	find	found	buy	bought

❸［過去の疑問文と答え方］「～しましたか。」とたずねるときは，主語の前にdidを置き，動詞を原形にする。主語が三人称・単数でも作り方は同じ。

・〔肯定文〕 You cooked lunch yesterday. ［あなたは昨日，昼食を料理しました。］
・〔疑問文〕Did you cook lunch yesterday? ［あなたは昨日，昼食を料理しましたか。］
└主語の前にdidを置く。動詞は原形（-(e)dのつかない形）にする。

── Yes, I did. / No, I did not. ［はい，しました。/ いいえ，しませんでした。］
didn't

❹［過去の否定文］「～しませんでした。」は，動詞の前にdid notを置き，動詞を原形にする。主語が三人称・単数でも作り方は同じ。

・〔肯定文〕We had *sushi* last night. ［私たちは昨夜，すしを食べました。］
・〔否定文〕We didn't have *sushi* last night. ［私たちは昨夜，すしを食べませんでした。］
└動詞の前にdid notを置く。動詞は原形にする。

Step 2 予想問題 PROGRAM 9 ~ Steps 6 A Trip to Finland

30分 (1ページ15分)

❶ ❶～❻は単語の意味を，❼～❿は日本語を英語になおしなさい。

- □❶ invent ( ) □❷ once ( )
- □❸ p.m. ( ) □❹ until ( )
- □❺ another ( ) □❻ bitter ( )
- □❼ 昨日(は) ______ □❽ 滞在する，泊まる ______
- □❾ 人々 ______ □❿ haveの過去形 ______

ヒント

❶
❷回数を表す語。
❸時刻を表す数字のあとに置く。
❻味覚の１つを表す形容詞。
❿haveは不規則動詞。

❷ 次の各組の下線部の発音が同じなら○，異なれば×を書きなさい。

- □❶ tasty / stadium ( )
- □❷ people / secret ( )
- □❸ lived / looked ( )

❸ ( )内に入れるのに最も適切な語を，㋐～㋓から選んで○で囲みなさい。

□❶ You can eat ( ) one ice cream bar.
㋐ only ㋑ many ㋒ some ㋓ very

□❷ I saw the movie three days ( ).
㋐ last ㋑ ago ㋒ yesterday ㋓ time

□❸ Mike didn't get up ( ) 9 a.m.
㋐ for ㋑ in ㋒ with ㋓ until

❸
❶空所の直後のoneに注目。「たった１つだけ」という意味になる。
❷「３日前に」という意味になる。
❸「～まで…しなかった」という意味になる。

❹ 日本語に合う英文になるように，____に適切な語を書きなさい。

□❶ 私たちは一日じゅう，その祭りを楽しみました。
We enjoyed the festival ______ ______.

□❷ ジェニーは先週，京都を訪ねました。
Jenny visited Kyoto ______ ______.

点UP □❸ フィンランドは美しい湖で有名です。
Finland is ______ ______ beautiful lakes.

□❹ そのメニューをちょっと見ましょう。
Let's ______ a ______ at the menu.

❹
❶「一日じゅう」を２語で表す。
❷「先週」→「(この)前の週」
❸「～で有名である」と表す語句を入れる。
❹「～を(ちょっと)見る」を４語で表す。

❺ 次の＿＿に適切な語を下から選んで書きなさい。
ただし，同じ語を2度使うことはできません。

□❶ They ＿＿＿＿＿＿ a great time last Friday.

□❷ I ＿＿＿＿＿＿ two eggs for breakfast this morning.

□❸ Mark ＿＿＿＿＿＿ a lot of pictures yesterday.

ate	went	took	had

❻ (　)内の指示に従って，英文を書きかえなさい。

□❶ We see the stars every night.（下線部をlastにかえて）

＿＿＿＿＿＿＿＿＿＿＿＿＿＿＿＿

□❷ Yuki bought the book.（疑問文に）

＿＿＿＿＿＿＿＿＿＿＿＿＿＿＿＿

❼ 次の文に対する応答として適切な文を，(　)内の指示に従って
英語で書きなさい。

□❶ Did you play soccer yesterday?（「はい，(私は)しました。」と答える）

＿＿＿＿＿＿＿＿＿＿＿＿＿＿＿＿

□❷ Did Taku find his bike?（「いいえ，見つけませんでした。」と答える）

＿＿＿＿＿＿＿＿＿＿＿＿＿＿＿＿

❽ 日本語に合う英文になるように，(　)内の語句を並べかえなさい。

□❶ 私は昨夜，夕食を料理しました。
(last / cooked / dinner / I) night.
＿＿＿＿＿＿＿＿＿＿＿＿＿＿ night.

点UP □❷ 雨は午後10時まで止みませんでした。
(stop / the rain / until / didn't) 10 p.m.
＿＿＿＿＿＿＿＿＿＿＿＿＿＿ 10 p.m.

❾ 次の日本語を英文にしなさい。

□❶ あなたは昨日，あなたの宿題をしましたか。

＿＿＿＿＿＿＿＿＿＿＿＿＿＿＿＿

□❷ 私は先週の土曜日，その公園に行きました。

＿＿＿＿＿＿＿＿＿＿＿＿＿＿＿＿

ヒント

❺
不規則動詞の過去形。
eat — ate
go — went
take — took
have — had

❻
❶過去の文にする。
❷ ミスに注意
過去の疑問文は主語の前にdidを置き，動詞を原形にする。

❼
❶❷過去の疑問文に答えるときは，didを使う。主語が三人称・単数の場合も同じ。

❽
❶「昨夜」など，過去を表す語句はふつう文末に置く。
❷過去の否定文の語順にする。

❾
❶過去の疑問文の形にする。
❷「先週の～」と前の曜日などを表すときはlastを使う。

Step 3 予想テスト PROGRAM 9 ~ Steps 6 A Trip to Finland

30分　/100点　目標 80点

❶ 日本語に合う英文になるように，____に適切な語を書きなさい。技　15点（各完答5点）

❶ 私たちはこの前の夏に沖縄を訪ねました。

We _____ Okinawa _____ summer.

❷ 私はそのあめが好きではありませんでした。

I _____ _____ the candy.

❸ リンは今朝，何時に起きましたか。

What time _____ Rin _____ up this morning?

❷ 日本語に合う英文になるように，(　)内の語を並べかえなさい。技　15点（各5点）

❶ ポールは昨夜，数学を勉強しました。 (math / Paul / last / studied) night.

❷ あなたたちは昨日，いっしょに踊りましたか。 (you / together / did / dance) yesterday?

❸ オーストラリアはコアラで有名です。 (koalas / Australia / famous / for / is).

❸ 次の対話文について(　)に入れるのに最も適切な文を選び，記号で答えなさい。技

12点（各6点）

❶ *Teacher*: Did you read this book?

Girl: (　　) I read it last month.

ア Yes, I am.　イ Yes, I do.　ウ Yes, I can.　エ Yes, I did.

❷ *Girl*: I ate a sandwich and an apple for lunch. (　　)

Boy: I ate two hamburgers and French fries.

ア What's that?　イ Is it tasty?　ウ How about you?　エ What do you mean?

❹ 次の対話文を読んで，あとの問いに答えなさい。技　34点

美希がダニエルにフィンランド旅行の話をしています。

Miki: I saw the aurora and ①(relax) in a sauna.

Daniel: Finnish people invented saunas, you know.

Miki: Right. ②They have saunas in their homes!

Daniel: (③)

Miki: Some people take a sauna and then jump into a lake.

Daniel: Sounds fun.

❶ 下線部①の(　)内の動詞を適切な形にしなさい。 (6点)

❷ 下線部②はだれを指しますか。2語でぬき出して書きなさい。 (6点)

❸ ③の(　)に入れるのに適切な語句を次から選び，記号で答えなさい。 (6点)

ア Thanks.　イ How nice!　ウ We're lucky.　エ Did you?

❹ 対話文の内容に合うように，次の問いに(　)内の語数の英語で答えなさい。 (各8点)

1. Did Miki see the aurora? (3)

2. What did Finnish people invent? (3)

❺ 次の場合，英語でどのように言いますか。(　)内の語を使って書きなさい。ただし，必要であれば形をかえること。また，❶❷の時を表す語句は文末に置くこと。 表

24点(各8点)

❶ 私は昨日，1つのかばんを買ったと言う場合。 (buy)

❷ 彼は今朝，朝食を食べなかったと言う場合。 (eat)

❸ 相手に先週末，何をしたかたずねる場合。 (do)

❶	❶		
	❷		
	❸		
❷	❶		night.
	❷		yesterday ?
	❸		.
❸	❶	❷	
❹	❶	❷	❸
	❹	1	
		2	
❺	❶		
	❷		
	❸		

PROGRAM 9 ~ Steps 6

Step 1 基本チェック PROGRAM 10 ~ Power-Up 6 Grandma Baba's Warming Ideas!

5分

赤シートを使って答えよう！

❶ [be動詞の過去形] [ ]内から適切な語を選ぼう。

解答欄

□ ❶ 私は昨日, 幸せでした。
I [was / am] happy yesterday.

□ ❷ 彼女たちは2日前, たいへん忙しかったです。
They [are / were] very busy two days ago.

□ ❸ アンは先週末, 京都にいました。
Ann [was / were] in Kyoto last weekend.

❶
❷
❸

❷ [be動詞の過去形の疑問文と答え方] [ ]に適切な語を入れよう。

□ ❶ 彼はこの前の日曜日, 家にいましたか。
[Was] [he] at home last Sunday?

□ ❷ はい, いました。(❶の答え)
Yes, he [was].

□ ❸ あなたは昨夜, 渋谷にいましたか。
[Were] [you] in Shibuya last night?

□ ❹ いいえ, いませんでした。(❸の答え)
No, I [wasn't].

❶
❷
❸
❹

❸ [be動詞の過去形の否定文] [ ]に適切な語を入れよう。

□ ❶ 私はそのとき, 眠くありませんでした。
I [was] [not] sleepy then.

□ ❷ エミリーは昨年, 先生ではありませんでした。
Emily [wasn't] a teacher last year.

□ ❸ 私たちは昨日, 元気ではありませんでした。
We [weren't] fine yesterday.

❶
❷
❸

❹ [過去進行形] [ ]内から適切なものを選ぼう。

□ ❶ カナは昨日, 6時に彼女の宿題をしていました。
Kana [is doing / was doing] her homework at six yesterday.

□ ❷ 私たちはそのとき, その公園で走っていました。
We [were running / run] in the park then.

❶
❷

POINT

❶ **[be動詞の過去形]** 「～でした」,「(～が)ありました[いました]」と過去の状態や存在を表すとき，be動詞の過去形を使う。

・〔現在形〕I am at home today. [私は今日，家にいます。]
・〔過去形〕I was at home yesterday. [私は昨日，家にいました。]
　　└be動詞を過去形にする。

・be動詞の使い分け

主語	現在形	過去形
I	am	was
she / he / it	is	was
you / we / they	are	were

❷ **[be動詞の過去形の疑問文と答え方]** be動詞を使った過去の疑問文は，be動詞を主語の前に出す。

・〔肯定文〕You were in Tokyo last week. [あなたは先週，東京にいました。]
・〔疑問文〕Were you in Tokyo last week? [あなたは先週，東京にいましたか。]
　　└be動詞を主語の前に出す。　└最後にクエスチョンマークをつける。

— Yes, I was. / No, I was not. [はい，いました。/ いいえ，いませんでした。]
　wasn't └be動詞のうしろにnotを置く。

❸ **[be動詞の過去形の否定文]** be動詞の過去の否定文は，be動詞のうしろにnotを置く。

・〔肯定文〕We were hungry then. [私たちはそのとき，おなかがすいていました。]
・〔否定文〕We were not tired then. [私たちはそのとき，疲れていませんでした。]
　weren't └be動詞のうしろにnotを置く。

❹ **[過去進行形]** 「～していました」と，過去のある時点に進行中だった動作を表すには，〈was[were]＋動詞の -ing形〉を使う。

・〔現在進行形〕I am watching TV now. [私は今，テレビを見ています。]
・〔過去進行形〕I was watching TV at eight last night. [私は昨夜8時に，テレビを見ていました。]
　　└be動詞を過去形にする。

・〔疑問文〕Was he playing soccer then? [彼はそのとき，サッカーをしていましたか。]
　　└be動詞を主語の前に出す。　└最後にクエスチョンマークをつける。

— Yes, he was. / No, he was not. [はい，していました。/ いいえ，していませんでした。]
　wasn't └be動詞のうしろにnotを置く。

・〔否定文〕They were not studying at that time. [彼らはそのとき，勉強していませんでした。]
　weren't └be動詞のうしろにnotを置く。

Step 2 予想問題 PROGRAM 10 ~ Power-Up 6 Grandma Baba's Warming Ideas!

30分 (1ページ15分)

❶ ①〜⑥は単語の意味を，⑦〜⑩は日本語を英語になおしなさい。

□ ① idea (　　　)　□ ② bad (　　　)
□ ③ say (　　　)　□ ④ start (　　　)
□ ⑤ finally (　　　)　□ ⑥ postcard (　　　)
□ ⑦ 終える ＿＿＿　□ ⑧ まだ，今でも ＿＿＿
□ ⑨ 眠る ＿＿＿　□ ⑩ 若い ＿＿＿

❷ 次の各組の下線部の発音が同じなら○，異なれば×を書きなさい。

□ ① made / came (　　)　□ ② warm / start (　　)
□ ③ enough / sleigh (　　)

❸ (　)内に入れるのに最も適切な語を，㋐〜㋓から選んで○で囲みなさい。

□ ① Let's meet at the station at eight (　　).
㋐ time　㋑ hour　㋒ day　㋓ o'clock

□ ② A: How was the test?　B: It was (　　).
㋐ back　㋑ terrible　㋒ fluffy　㋓ powerful

□ ③ We saw the movie at this (　　) last Saturday.
㋐ top　㋑ matter　㋒ theater　㋓ Internet

❹ 日本語に合う英文になるように，＿＿に適切な語を書きなさい。

□ ① あなたは今朝，朝食を食べましたか。
Did you eat breakfast ＿＿＿ ＿＿＿?

点UP □ ② どうしたのですか。
＿＿＿ the ＿＿＿?

□ ③ このようにして手を洗いなさい。
Wash your hands ＿＿＿ ＿＿＿.

□ ④ 今のところはさようなら。
＿＿＿ for ＿＿＿.

ヒント

❶
①④⑥カタカナ語としても使われる名詞。
②goodの反対の意味を持つ語。
⑧be動詞のあと，一般動詞の前に置く副詞。

❸
①「〜時」のときに使う。分や秒まで言わない場合に使う語。
②Aは「そのテストはどうでしたか。」とたずねている。
③名詞movieと，前置詞atに注目。

❹
①「今朝」を2語で表す。
②「困ったことは何ですか。」と考える。
③「この方法で」という意味を表す。
④手紙やメールの結びの表現として使う。

❺ 次の＿＿に適切な語を下から選んで書きなさい。ただし，同じ語を２度使うことはできません。

□ ❶ I didn't get ＿＿＿＿ the bus at seven thirty.

□ ❷ You were sleeping ＿＿＿＿ that time.

得点UP □ ❸ The window broke ＿＿＿＿ a big sound.

at　on　for　with

❻ 次の文を（　）内の指示に従って書きかえなさい。

□ ❶ I am looking at the postcard now. （下線部をat that timeにかえて）

＿＿＿＿＿＿＿＿＿＿＿＿＿＿＿＿

□ ❷ My parents were at home last night. （否定文に）

＿＿＿＿＿＿＿＿＿＿＿＿＿＿＿＿

❼ 次の文に対する応答として適切な文を，（　）内の指示に従って英語で書きなさい。

□ ❶ Were you taking a bath then? （「はい，(私は)入っていました。」と答える）

＿＿＿＿＿＿＿＿＿＿＿＿＿＿＿＿

□ ❷ Where was Bob at 3 p.m. yesterday? （「図書館にいました。」と答える）

＿＿＿＿＿＿＿＿＿＿＿＿＿＿＿＿

❽ 日本語に合う英文になるように，（　）内の語を並べかえなさい。

□ ❶ それは悪い考えではありませんでした。
(a / idea / wasn't / that / bad).

＿＿＿＿＿＿＿＿＿＿＿＿＿＿＿＿.

□ ❷ あなたは２時間前に，何をしていましたか。
(two / you / were / doing / what / hours) ago?

＿＿＿＿＿＿＿＿＿＿＿＿＿＿＿＿ ago?

❾ 次の日本語を英文にしなさい。

□ ❶ 彼らは先週，忙しかったです。

＿＿＿＿＿＿＿＿＿＿＿＿＿＿＿＿

□ ❷ なぜあなたは走っていたのですか。

＿＿＿＿＿＿＿＿＿＿＿＿＿＿＿＿

ヒント

❺
❶「～に乗る」という意味になる。
❷「そのとき(には)」という意味を表す。
❸「大きな音といっしょに」と考える。

❻
❶過去進行形の文にする。
❷否定文はnotの位置に注意する。

❼ ミスに注意
❶答えるときは，主語がIになる。
❷Bobは男性。「図書館に」というときは，inを使う。

❽
❶wasn't = was not
❷「何を」とたずねる語で始める。

❾
❶be動詞の過去の文にする。主語は複数。
❷「なぜ」にあたる語のあと，過去進行形の疑問文の形を作る。

Step 3 予想テスト PROGRAM 10 ~ Power-Up 6 Grandma Baba's Warming Ideas!

30分　/100点　目標 80点

❶ 日本語に合う英文になるように，____に適切な語を書きなさい。技　15点（各完答5点）

❶ 私たちのイヌはそのとき，おなかがすいていました。

Our dog _____ _____ then.

❷ この前の日曜日，子どもたちはその祭りを楽しんでいました。

The children _____ _____ the festival last Sunday.

❸ 大阪の天気はどうでしたか。

_____ _____ the weather in Osaka?

❷ 日本語に合う英文になるように，(　)内の語句を並べかえなさい。技　15点（各5点）

❶ そのコアラは木にしがみついていました。 (holding / to / on / was / the koala) a tree.

❷ 彼らはそのとき，どこにいましたか。 (they / that / where / were / at) time?

❸ このかばんは十分に大きくありません。 (bag / isn't / enough / big / this).

❸ 次の対話文について(　)に入れるのに最も適切な文を選び，記号で答えなさい。技　12点（各6点）

❶ *Emily*: Mom, (　　)

Mother: Hi, Emily. What did you do at school today?

ア Was it OK?　イ I'm home.　ウ Follow me.　エ I wasn't at home.

❷ *Boy*: Were you dancing in the park yesterday?

Girl: (　　) It was really fun.

ア Yes, we were.　イ No, we weren't.　ウ Yes, we did.　エ No, we didn't

❹ 次の物語文を読んで，あとの問いに答えなさい。技　34点

It (　①　) *a snowy winter day.*

Grandma Baba was at home.

All her friends (　②　) *outside.*

Then a cat and a dog came into her house.

Grandma Baba: (　　③　　), my young friends?

Cat and Dog: We're ④(freeze)!

Next, a fox and many other animals came in.

Fox: We're really, really cold!

さとうわきこ「そりあそび」(株)福音館書店刊）より

❶ ①②の(　)に適切な語を次から１つずつ選び, 記号で答えなさい。 (各4点)

ア was　イ does　ウ were　エ did

❷ ③の(　)に入れるのに最も適切な語句を選び, 記号で答えなさい。 (6点)

ア When was it　イ What's the matter　ウ What's that

エ How about this

❸ 下線部④の(　)内の動詞を適切な形にしなさい。 (6点)

❹ 本文の内容に合うように, 次の問いに(　)内の語数の英語で答えなさい。 (各7点)

1. Where was Grandma Baba? (4)

2. Were the animals cold? (3)

❺ 次の場合, 英語でどのように言いますか。(　)内の語句を使って書きなさい。ただし, 数字も英語で書き, 時を表す語句は文末に置くこと。表 24点(各8点)

❶ 私の父は先週, 疲れていたと言う場合。 (tired)

❷ 私たちは昨夜９時にテレビを見ていたと言う場合。 (TV)

❸ スピーチで, 私には理由が３つあると言う場合。 (have)

❶	❶			
	❷			
	❸			
❷	❶	a tree.		
	❷	time?		
	❸	.		
❸	❶	❷		
❹	❶ ①	②	❷	❸
	❹ 1			
	❹ 2			
❺	❶			
	❷			
	❸			

PROGRAM 10 ~ Power-Up 6

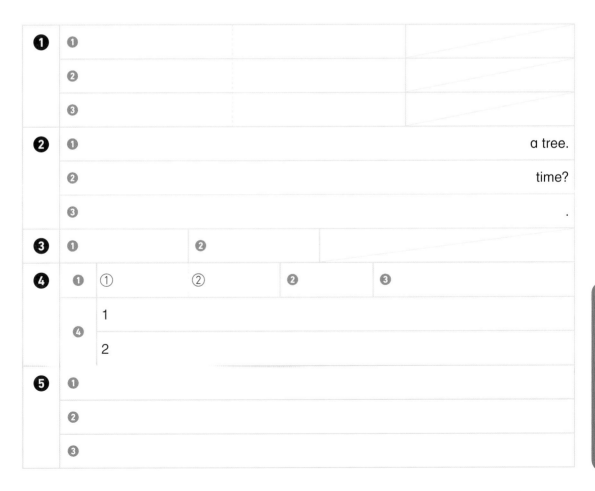

変化形のつくり方

❶ 名詞の複数形

	▼ 変化の仕方	▼ 例
下記以外の名詞	s をつける	book ➡ books [s] pen ➡ pens [z] orange ➡ oranges [iz]
s, x, sh, ch で終わる名詞	es をつける	glass ➡ glasses [iz]
＜子音字※＋ o ＞で終わる名詞	es をつける	tomato ➡ tomatoes [z]
＜子音字＋ y ＞で終わる名詞	y を i に変えて es をつける	cherry ➡ cherries [z]
f または fe で終わる名詞	f, fe を v に変えて es をつける	leaf ➡ leaves [z]

※子音字＝母音字（ a, e, i, o, u ）以外の文字

❷ 3人称・単数・現在の動詞の形

	▼ 変化の仕方	▼ 例
下記以外の動詞	s をつける	like ➡ likes [s] play ➡ plays [z]
s, o, x, sh, ch で終わる動詞	es をつける	go ➡ goes [z] teach ➡ teaches [iz]
＜子音字＋ y ＞で終わる動詞	y を i に変えて es をつける	study ➡ studies [z]

❸ 動詞の ing 形

	▼ 変化の仕方	▼ 例
下記以外の動詞	ing をつける	play ➡ playing
e で終わる動詞	e をとって ing をつける	take ➡ taking
＜短母音＋子音字＞で終わる動詞	最後の文字を重ねて ing をつける	swim ➡ swimming

❹ 動詞の過去形（規則動詞）

	▼ 変化の仕方	▼ 例
下記以外の動詞	ed をつける	play ➡ played [d] cook ➡ cooked [t] want ➡ wanted [id]
e で終わる動詞	d をつける	arrive ➡ arrived [d]
＜短母音＋子音字＞で終わる動詞	最後の文字を重ねて ed をつける	stop ➡ stopped [t]
＜子音字＋ y ＞で終わる動詞	y を i に変えて ed をつける	study ➡ studied [d]

❺ 動詞の過去形（不規則動詞）

	▼ 変化の仕方	▼ 例
不規則動詞	不規則に変化する	am, is ➡ was are ➡ were buy ➡ bought do ➡ did get ➡ got go ➡ went have ➡ had see ➡ saw

形容詞・副詞比較変化表

※特に重要な語を太字で示しています。

❶ -er, -est をつける

原級	比較級	最上級
cheap（安い）	cheaper	cheapest
clean（きれいな）	cleaner	cleanest
cold（寒い）	colder	coldest
cool（かっこいい）	cooler	coolest
fast（速い）	faster	fastest
few（少しの）	fewer	fewest
great（すばらしい）	greater	greatest
hard（難しい）	harder	hardest
high（高い）	higher	highest
light（軽い）	lighter	lightest
long（長い）	longer	longest
low（低い）	lower	lowest
near（近い）	nearer	nearest
new（新しい）	newer	newest
old（古い）	older	oldest
short（短い）	shorter	shortest
small（小さい）	smaller	smallest
soon（すぐに）	sooner	soonest
strong（強い）	stronger	strongest
tall（高い）	taller	tallest
warm（あたたかい）	warmer	warmest
weak（弱い）	weaker	weakest
young（若い）	younger	youngest

❷ -r, -st をつける

原級	比較級	最上級
close（近い）	closer	closest
large（大きい）	larger	largest
late（遅れた）	later	latest
nice（すてきな）	nicer	nicest

❸ 語尾の y を i に変えて -er, -est をつける

原級	比較級	最上級
busy（忙しい）	busier	busiest
early（早い）	earlier	earliest
easy（簡単な）	easier	easiest
happy（幸せな）	happier	happiest
heavy（重い）	heavier	heaviest

❹ 語尾の子音を重ねて -er, -est をつける

原級	比較級	最上級
big（大きい）	bigger	biggest
hot（暑い）	hotter	hottest

❺ 不規則に変化する

原級	比較級	最上級
bad（悪い）	worse	worst
good, well（よい）	better	best
little（小さい，少ない）	less	least
many, much（多い）	more	most

❻ more, most を置く

原級	比較級	最上級
beautiful（美しい）	more beautiful	most beautiful
careful（注意して）	more careful	most careful
difficult（難しい）	more difficult	most difficult
exciting（わくわくさせる）	more exciting	most exciting
expensive（高い）	more expensive	most expensive
famous（有名な）	more famous	most famous
important（重要な）	more important	most important
interesting（興味深い）	more interesting	most interesting
popular（人気のある）	more popular	most popular
quickly（すばやく）	more quickly	most quickly
slowly（遅く）	more slowly	most slowly
useful（役に立つ）	more useful	most useful
wonderful（すばらしい）	more wonderful	most wonderful

不規則動詞変化表

▼原形	▼現在形	▼過去形	▼過去分詞	▼ing 形
A・A・A 型				
cut（切る）	cut(s)	cut	cut	cutting
put（置く）	put(s)	put	put	putting
read（読む）	read(s)	read	read	reading
A・B・A 型				
become（なる）	become(s)	became	become	becoming
come（来る）	come(s)	came	come	coming
run（走る）	run(s)	ran	run	running
A・B・B 型				
bring（持ってくる）	bring(s)	brought	brought	bringing
build（建てる）	build(s)	built	built	building
buy（買う）	buy(s)	bought	bought	buying
find（見つける）	find(s)	found	found	finding
get（手に入れる）	get(s)	got	got, gotten	getting
have（持っている）	have, has	had	had	having
hear（聞く）	hear(s)	heard	heard	hearing
keep（保つ）	keep(s)	kept	kept	keeping
leave（出発する）	leave(s)	left	left	leaving
make（作る）	make(s)	made	made	making
meet（会う）	meet(s)	met	met	meeting
say（言う）	say(s)	said	said	saying
teach（教える）	teach(es)	taught	taught	teaching
tell（話す）	tell(s)	told	told	telling
think（思う）	think(s)	thought	thought	thinking
A・B・C 型				
be（～である）	am, is, are	was, were	been	being
begin（始まる, 始める）	begin(s)	began	begun	beginning
do（する）	do, does	did	done	doing
draw（描く）	draw(s)	drew	drawn	drawing
drink（飲む）	drink(s)	drank	drunk	drinking
eat（食べる）	eat(s)	ate	eaten	eating
give（与える）	give(s)	gave	given	giving
go（行く）	go(es)	went	gone	going
know（知っている）	know(s)	knew	known	knowing
see（見る）	see(s)	saw	seen	seeing
sing（歌う）	sing(s)	sang	sung	singing
speak（話す）	speak(s)	spoke	spoken	speaking
swim（泳ぐ）	swim(s)	swam	swum	swimming
take（持っていく）	take(s)	took	taken	taking
write（書く）	write(s)	wrote	written	writing

テスト前 ☑ やることチェック表

① まずはテストの目標をたてよう。頑張ったら達成できそうなちょっと上のレベルを目指そう。
② 次にやることを書こう（「ズバリ英語○ページ，数学○ページ」など）。
③ やり終えたら☐に✔を入れよう。
最初に完ぺきな計画をたてる必要はなく，まずは数日分の計画をつくって，
その後追加・修正していっても良いね。

目標

	日付	やること 1	やること 2
2週間前	/	☐	☐
	/	☐	☐
	/	☐	☐
	/	☐	☐
	/	☐	☐
	/	☐	☐
	/	☐	☐
1週間前	/	☐	☐
	/	☐	☐
	/	☐	☐
	/	☐	☐
	/	☐	☐
	/	☐	☐
	/	☐	☐
テスト期間	/	☐	☐
	/	☐	☐
	/	☐	☐
	/	☐	☐
	/	☐	☐

キリトリ線

QRコードのページに登録すると，「ぴたリンク」からも表をダウンロードできるよ

テスト前 ✓ やることチェック表

① まずはテストの目標をたてよう。頑張ったら達成できそうなちょっと上のレベルを目指そう。
② 次にやることを書こう（「ズバリ英語○ページ，数学○ページ」など）。
③ やり終えたら□に✓を入れよう。
最初に完ぺきな計画をたてる必要はなく，まずは数日分の計画をつくって，
その後追加・修正していっても良いね。

目標

	日付	やること 1	やること 2
2週間前	／	□	□
	／	□	□
	／	□	□
	／	□	□
	／	□	□
	／	□	□
	／	□	□
1週間前	／	□	□
	／	□	□
	／	□	□
	／	□	□
	／	□	□
	／	□	□
	／	□	□
テスト期間	／	□	□
	／	□	□
	／	□	□
	／	□	□
	／	□	□

QRコードのページに登録すると，「ぴたリンク」からも表をダウンロードできるよ

開隆堂版 英語1年 サンシャイン ｜ 定期テスト ズバリよくでる ｜ 解答集

Get Ready ～ PROGRAM 0

p.3 Step 2

❶ ① B ② D ③ F ④ I
⑤ K ⑥ P ⑦ Q ⑧ a
⑨ g ⑩ h ⑪ l ⑫ m
⑬ n ⑭ r ⑮ y

❷ ① ㋕ ② ㋖ ③ ㋒ ④ ㋐
⑤ ㋔ ⑥ ㋑ ⑦ ㋗ ⑧ ㋓

❸ ① ㋑ ② ㋒ ③ ㋐ ④ ㋓

考え方

❶　英語のアルファベットには大文字と小文字がある。大文字と小文字で形がまったく違うものもあり，違う文字で似ているものもあるので，区別して覚えよう。

・大文字と小文字の形が似ているもの
C—c，F—f，J—j，O—o，P—p，S—s
T—t，U—u，V—v，W—w，X—x，Z—z
・大文字と小文字の形がまったく違うもの
A—a，E—e，G—g，Q—q，R—r
・書き間違いに注意が必要なもの
bとd，pとq，uとv，大文字Iと小文字l

❷　英単語のつづりや発音は，日本語のカタカナ語やローマ字読みとは違うことに注意しながら，正確に覚えよう。

❸　相手のことを質問したり，自己紹介したりする表現を覚えよう。

① 誕生日のたずね方。「あなたの誕生日はいつですか。」— ㋑「私の誕生日は5月16日です。」

② 好きなスポーツのたずね方。「あなたはどんなスポーツが好きですか。」— ㋒「私はサッカーが好きです。」

③ 好きかどうかのたずね方。「あなたはフライドポテトが好きですか。」— ㋐「はい，好きです。」

④ 何になりたいかのたずね方。「あなたは何になりたいですか。」— ㋓「私は歌手になりたいです。」

PROGRAM 1 ～ Word Web 1

p.5 Step 2

❶ ① 生徒，学生 ② 恥ずかしがりの
③ アメリカ合衆国 ④ ほんとうに
⑤ just ⑥ twelve
⑦ talk ⑧ fan

❷ ① ○ ② × ③ ×

❸ ① meet ② want to

❹ ① are ② from ③ not

考え方

❶ ① studentのuは「ユー」に似た発音なので注意する。

③ the United States (of America)の略。U.S.は「ユーエス」と読む。

④ Really?(↗)のように上げて読んで驚きや疑問を表す。

⑤ justのuは「ア」に似た音。

⑥ 12はtwelve，11はelevenとなり，13から19までの-teenという形とは違う。

⑦ talkのlを書き忘れないように気をつけよう。

⑧ スポーツなどの「ファン」はfan。funのように1字違うと「楽しみ，喜び」という意味になるので注意しよう。

❷ ① likeもfiveもiは「アイ」に近い音。

② goのoは「オウ」，toのoは「ウー」に近い音。

③ theのthはにごる音。thankのthはにごらない音。

❸ ①初対面の人へのあいさつ。これに対する返答はNice to meet you too.「私もお会いできてうれしいです。」と言う。

② want to ～で「～したい」という意味。

❹ ①「あなたは～です。」と相手のことを言うときは，areを使う。inは「～の中に」という意味。「あなたは1-Aです。」

② New Zealandと国名があることに注目。「～の出身」を表すfromを入れる。「私はニュージーランドの出身です。」

③「～でない」を表すnotを入れる。「申し訳ありません，私はカオルではありません。」

pp.6-7 Step ❸

❶ ① I am ② You are

③ I , a

❷ ① Are you from Chiba(?)

② Thanks for the pen(.)

③ Let's go to the gym(.)

❸ ①イ ②ア

❹ ① not

② 1. ○ 2. × 3. ○ 4. ×

❺ ① 例 I am[I'm] Ryo.

② 例 I am[I'm] from Osaka.

③ 例 I am[I'm] twelve.

考え方

❶ ①「私は～です。」と名のるときはI am[I'm] ～.と言う。helloは「こんにちは」という意味。

②「あなたは～です。」はYou are ～.で表す。

③ amがあるのでIを主語にする。soccer fanの前には「1人の」を表すaが必要。

❷ ①「あなたは～ですか。」とたずねるときは，Are you ～?とする。「～の出身」を表すfromのあとに地名を続ける。

②「～をありがとう。」はThanks for ～.とし，the penを続ける。

③「～しましょう。」はLet's ～.で表す。「体育館に行く」はgo to the gym。

❸ ①女の子が「私はイギリスの出身です。」と答えているので，男の子は出身地をたずねているとわかる。**ア**「私はマイケルではありません。」**ウ**「あなたはキャロルですか。」**エ**「なるほど。［そうですか。］」

②女の子が「あなたは新しい先生ですか。」とたずねているので，「はい，(私は)そうです。」と答える。**イ**「ああ，ほんとうに？」**ウ**「いいえ，(あなたは)そうではありません。」**エ**「私もです。」

❹ ①「私は～ではありません」はI'm not ～.で表すので，notを入れる。

② 1.本文1～2行目に着目。2人のあいさつから，初対面とわかる。

2.本文2～3行目に着目。ダニエルが自分は1-Bだと言うと，真央が「私もです。」と言っている。

3.本文5行目に着目。

4.本文6行目はダニエルの発言である。

❺ ①「私は～です。」と名のるときは，I am[I'm] ～.で表す。～の部分に名前を入れる。

②「私は～の出身です。」と言うときは，I am [I'm] from ～.で表す。～の部分に出身地を入れる。

③「私は～歳です。」と言うときは，I am[I'm] ～.で表す。～の部分に年齢を表す数を入れる。

PROGRAM 2 ～ Steps 1

pp.10-11 Step ❷

❶ ① **夜** ② **火曜日** ③ **自転車**

④ **週末**

⑤ picture ⑥ tomorrow

⑦ often　⑧ dinner

2 ① ×　② ×　③ ○

3 ① ㋒　② ㋐　③ ㋑

4 ① go　② How about

5 ① during　② in

6 ① Yes, I do.
② It's[It is] sunny.

7 ① 私はサッカーをじょうずにしません。
② 私は夕食より前にふろに入ります。

8 ① I like science very much(.)
② When do you draw pictures(?)

考え方

1 ① nightのghは読まない。iは「アイ」に似た発音。
② 曜日は最初の文字を必ず大文字で書く。Tuesday「火曜日」は，Thursday「木曜日」と間違えやすいので注意する。
③「自転車」はbicycleと言うこともある。日本語の「バイク」はmotorcycleなので間違えないようにする。
④ weekendはweekの1つ目のe部分を強く読む。「毎週末に」と言うときは，on weekendsとする。
⑤ 英語では「絵」と「写真」の両方をpictureで表すことができる。
⑥ tomorrowだけで「明日(は)」という意味になり，onやinは使わないので注意する。
⑦ oftenのtは読まないことが多いが，読む人や国もあり，どちらも間違いではない。ふつうは一般動詞の前に置く。
⑧ dinnerはnを2つ続けて書くことに注意する。

2 ① break「休憩」のeaは［ei エイ］，speak「話す」のeaは［iː イー］と読む。
② climb「登る」のbは発音しない。before「～より前に」
③ Sunday「日曜日」のuも，Monday「月曜日」のoも［ʌ］という「ア」に近い音。

3 ① every dayで「毎日」という意味を表す。「私は毎日バナナを1本食べます。」
② look at ～で「～(のほう)を見る」という意味を表す。「そのネコを見て！」seeはうしろにatなどを置かずに，「～を見る，～が見える」の「～を，～が」にあたる語を置く。
③「いつ～」とたずねているので，いつピアノをひくかを答える。after ～で「～のあとに[で]」の意味を表すので，after school「放課後」とする。「A: あなたはいつピアノをひきますか。」—「B: 私は放課後ピアノをひきます。」

4 ① go shoppingで「買い物に行く」という意味を表す。
② How about ～?で「～はどうですか。」という意味を表す。

5 ① during ～で「～の間に」という意味を表す。「昼休みの間に卓球をしましょう。」
② in the afternoonで「午後に」という意味を表す。「私は午後に私の部屋を掃除します。」

6 ① 質問は「あなたはリンゴが好きですか。」という意味。答えの文の主語はIを使い，doを使って答える。
② 質問は「今日の天気はどうですか。」という意味。天気を表すとき，主語はitを使う。「それは」と何かを指しているわけではないが，英語ではitをこのように使う場合があるので覚えておこう。「晴れの」はsunny。

7 ① don'tがあるので，「～しません」という否定の意味になる。playは「(運動を)する」，wellは「じょうずに」という意味。
② take a bathで「ふろに入る」という意味になる。before ～は「～より前に」，dinnerは「夕食」という意味。

8 ① 主語Iのあとに「好きです」を表す動詞like

を続ける。「理科」はscience。「とても」はvery muchと2語で表す。

❷「いつ」とたずねるのでWhenで文を始める。そのあとdoを使った疑問文の語順にする。「絵を描く」はdraw pictures。

pp.12-13 Step ❸

❶ ❶ three books

❷ How, you

❸ Do you

❷ ❶ I often listen to (music.)

❷ When do you play tennis(?)

❸ I don't eat an omelet (for lunch.)

❸ ❶ イ ❷ ウ

❹ ❶ ア

❷ 1. 毎日 2. 描きません
3. 見せます 4. すばらしい

❺ ❶ Do you like cats?

❷ I study before dinner.

❸ Let's play soccer.

考え方

❶ ❶「3冊」は2つ以上なので，bookにsをつけて複数形にする。

❷「〜はどうですか。」はHow about 〜?で表す。「あなたは」なのでyouを入れる。

❸「あなたは〜しますか。」とたずねる文は，Do you 〜?で表す。

❷ ❶ oftenはふつう，一般動詞の前に置く。「〜を聞く」はlisten to 〜で表す。

❷「いつ」とたずねるときはWhenで文を始める。そのあと疑問文の語順を続ける。「テニスをする」はplay tennis。

❸「〜しません」なので，Iに続けてdon'tを置く。「〜を食べる」はeat。omeletは母音で始まる語なので，anを使う。

❸ ❶ 女の子が「バスケットボールをしましょう。」とさそっているので，「はい，そうしましょう。」と答える。**ア**「毎週末に。」**ウ**「公園で。」**エ**「いいえ，あなたはしません。」

❷ 男の子が「今日は何曜日ですか。」とたずねているので，「金曜日です。」と答える。曜日を言うときは，主語をitにすることに注意。**ア**「雨です。」**イ**「私はそれがとても好きです。」**エ**「いいですよ。」

❹ ❶ Really?で「ほんとうに？」という意味を表す。前の文でダニエルが「私は絵を描きません。」と言っているので，それに対する表現を選ぶ。**イ**「いいですよ。」**ウ**「はい，します。」**エ**「ありがとう。」

❷ 1. 本文1行目に着目。真央がいつ絵を描くかについて述べている。every dayで「毎日」という意味。

2. 本文2行目に着目。ダニエルが絵を描くことについて話している。

3. 本文3行目に着目。真央がダニエルに自分のノートを見せている。

4. 本文4行目に着目。ダニエルが真央について言っている。

❺ ❶ 相手にたずねるので，Do you 〜?の疑問文にする。「〜が好きです」はlikeで表す。「ネコ」はcatだが，このような場合はネコという種類全部を表すので複数形を使う。

❷ 自分のことを言うので，主語はIを使う。「勉強する」はstudy。「〜より前に」はbefore 〜。そのあとに「夕食」を表すdinnerを置く。

❸「〜しよう。」とさそうときはLet's 〜. と言う。「(運動を)する」はplay。「サッカーを」なので，そのあとにsoccerを置く。

PROGRAM 3 ～ Power-Up 1

pp.15-17 Step ❷

❶ ① **おば** ② **いとこ**
③ **大きい，広い** ④ **食事**
⑤ **みなさん，だれも，みな** ⑥ **変える**
⑦ uncle ⑧ show ⑨ catch
⑩ love
❷ ① **イ** ② **イ**
❸ ① ㋑ ② ㋒ ③ ㋓
❹ ① have fun ② keep, secret(s)
③ Here you
❺ ① with ② at ③ on
④ from ⑤ or
❻ ① can't[cannot] ② Can, speak
③ What ④ any ⑤ How much
❼ ① Yes, I can.
② No, I don't[do not].
③ I like animals.
④ I (usually) practice baseball.
❽ ① **私の父はじょうずにスケートをすることができます。**
② **私はピアノをひくことができません。**
③ **ハンバーガーを1ついただけますか。**
④ **あなたはそのショーのために何を歌うことができますか。**
❾ ① Can you catch the fish(?)
② I can make lunch for (everyone.)
③ Let's have a great time in (the concert.)
④ How much is this(?)
❿ ① Can you play basketball?
② What can you use?
③ Here you are.

考え方

❶ ① auntは「おば」。⑦ の「おじ」はuncle。
② cousinは [kʌ́zn カズン]と発音する。
⑥ changeのaは [ei エイ]と読むので注意。
❷ ① guitarはaの部分を強く発音する。
② kilometerはoの部分を強く発音し，meterの発音に注意する。
❸ ① ペットを「飼っている」と言うときは，haveを使う。「私はネコを飼っています。」
② 主語のTheyに着目。複数形が入る。「彼らは私の級友です。」
③ Aの店員が注文をたずね，Bの客が飲み物の注文を伝えている。aとapple juiceの間には飲み物のサイズを表す語が入る。「A: 何になさいますか。」―「B: Mサイズのリンゴジュースをいただけますか。」
❹ ① have fun at ～で「～を楽しむ」という意味。
② keep my secret(s)で「私の秘密を守る」という意味を表す。
③「はい，どうぞ。」はHere you are.と言う。相手にものを渡すときなどに使われる表現。
❺ ① with ～で「～といっしょに」という意味を表す。「私はときどき姉［妹］といっしょにテニスをします。」
② have fun at ～は「～を楽しむ」という意味を表す。「そのショーを楽しみましょう。」
③ on TVで「テレビで」という意味。「私はその音楽番組をテレビで見ます。」
④ from ～ to …で「～から…まで」という意味を表す。「私は自分の家から学校まで走ることはできません。」
⑤ ～ or …で「～または…，～それとも…，～か…」という意味。「こちらでめしあがりますか，それともお持ち帰りになりますか。」―「持ち帰ります。」
❻ ① canの否定文は動詞の前にcan't[cannot]を置く。
② canの疑問文は主語の前にcanを置く。
③「何を」とたずねる文にする。whatを文頭に置く。
④ 疑問文で「何か，いくつか」とたずねるときは，anyを使う。「あなたは何か［いくつか］星が見えますか。」
⑤ 値段をたずねる文にする。How much ～?で「～はいくらですか。」という意味。
❼ ① 質問は「あなたはじょうずに踊ることができますか。」という意味。答えの文の主語はIを使い，canを使って答える。

❷ 質問は「あなたはこのショーを知っていますか。」という意味。Do you ～?とたずねる文には，doを使って答える。

❸「何を」とたずねているのでYes/Noを使わずに答える。I like ～.「～が好きです。」と言うときは名詞を複数形にする。

❹「～を練習する」はpracticeで表す。

❽ ❶ skateは「スケートをする」という動詞。

❷ cannotがあるので「～することができない」という意味になる。

❸ Can I have ～?は「～をいただけますか。」と注文するときの言い方。

❹ singは「歌う」という意味。

❾ ❶「あなたは～できますか。」はCan you ～?。

❷「～を作る」はmakeで表す。

❸「～しましょう。」はLet's ～.とする。have a great timeで「すばらしい時を過ごす」という意味を表す。

❿ ❷「何を」なのでWhatで始め，canの疑問文を続ける。「使う」はuseで表す。

pp.18-19 Step ❸

❶ ❶ can't[cannot] sing ❷ Can I

❸ can watch, on

❷ ❶ I like music very much(.)

❷ Can you ride a bike(?)

❸ What do you study(?)

❸ ❶ エ ❷ イ

❹ ❶ do ❷ can

❸ What can you dance(?)

❹ 1. × 2. ○ 3. ○

❺ ❶ I can play the piano.

❷ Can you swim?

❸ I can't[cannot] cook well.

考え方

❶ ❶「～できません」なので，canの否定文にする。can'tまたはcannotを使う。

❷「～をいただけますか。」と注文するときはCan I have ～?で表す。

❸「見ることができます」はcanのあとにwatchを置く。「テレビで」はon TV。

❷ ❶「～がとても好きです」はlike ～で表す。「とても」はvery muchとする。

❷「～できますか」なので，Can you ～?とする。「自転車に乗る」はride a bike。

❸「何を」とたずねるので，Whatで始め，do you ～?と続ける。

❸ ❶ 女の子が「私はじょうずにスケートをすることができます。」と言っている。男の子は「ほんとうに？」と答えてから「それでは，いっしょにスケートをしましょう。」とさそうと流れに合う。**ア**「はい，します。」**イ**「いいえ，できません。」**ウ**「ありがとう。」

❷ 男の子が「おなかがすいています。バナナを食べてもいいですか。」とたずねているので，母親は「いいですよ。はい，どうぞ。」と言いながらバナナを渡すと考える。**ア**「あなたはどうですか。」**ウ**「それはいくらですか。」**エ**「あなたは何を食べることができますか。」

❹ ❶ 本文1行目に着目。Do you ～?とたずねているので，doで答える。

❷ 本文3行目に着目。Can you ～?とたずねているので，canで答える。

❸ Whatで始め，canの疑問文を続ける。

❹ 1. 本文1～2行目に着目。ダニエルが日本のダンサーのエビケンについてたずね，真央は「はい」と答えている。

2. 本文3行目に着目。ダニエルがLet's ～.の文で真央をさそっている。

3. 本文6行目に着目。真央はcanを使って盆踊りをすることができると言っている。

❺ ❶ 自分はできると言うので，I can ～.で表す。「ピアノをひく」はplay the piano。

❷「～できますか」とたずねるので，Can you ～?とする。「泳ぐ」はswim。

❸「私は～することができません。」と言うときはI can't[cannot] ～.と言う。「じょうずに料理する」はcook well。

PROGRAM 4 ～ Power-Up 2

pp.22-23 Step ❷

❶ ① **女性，女の人** ② **人，個人**
③ **あなたのもの** ④ **役に立つ**
⑤ **ほかの** ⑥ **文化**
⑦ answer ⑧ bird ⑨ work
⑩ man ⑪ mine ⑫ smile

❷ ① × ② ○ ③ ×

❸ ① ㋒ ② ㋑ ③ ㋐

❹ ① see ② What's ③ right
④ got it

❺ ① She's ② He's ③ It's

❻ ① No, it isn't[is not].
② He is[He's] my teacher.
③ The long one is (mine).

❼ ① This is not my notebook(.)
② Whose guitars are these(?)

❽ ① This is an apple.
② Is that your bike?
③ Who is that girl?
— She is[She's] Aya.

考え方

❶ ① ⑩ womanが「女性，女の人」を表すのに対し，manは「男性，男の人」を表す。
② personは男女に関係なく「人」を表す。
④ usefulのseは[s ス]とにごらない音。
⑦ answerのつづりはwを忘れないように注意。
⑧ birdのつづりはirをarと書きやすいので注意する。

❷ ① push「押す」のuは[u ウ]，runner「走者，ランナー」のuは[ʌ ア]と発音。
② save「(時間などを)省く」のaも，tail「しっぽ」のaiも[ei エイ]と発音。
③ both「両方」のthは[θ]というにごらない音。then「それから，そのうえ」のthは[ð]というにごる音。

❸ ① 空所のうしろがareで，booksとなっているので主語は複数を表すものとわかる。「これらは私の本です。」
② 「このボールを～」に合う意味を表す動詞を選ぶ。「あなたはこのボールをつかむ[持つ]ことができますか。」
③ 空所の前にthree「3の」があるので複数形の名詞を選ぶ。eraserは「消しゴム」という意味。「私は3個の消しゴムを持っています。」

❹ ① I see.で「なるほど。[そうですか。]」という意味のあいづちになる。
② 「何ですか」なのでWhat isの短縮形であるWhat'sを入れる。
③ 「そのとおりです。」はThat's right.と言う。このまま覚えてしまおう。
④ I got it!で「わかった。」という意味を表す。

❺ ① 1文目のauntは女性なので，She isの短縮形であるShe'sを選ぶ。「あの人は私のおばです。彼女は看護師です。」
② 1文目の「ヒロシ」は男性の名前なので，He isの短縮形であるHe'sを選ぶ。「この人はヒロシです。彼は私のクラスメートです。」
③ 1文目のcomputerはものなので，It isの短縮形であるIt'sを選ぶ。「あのコンピュータが見えますか。それは私の父のものです。」

❻ ① 質問は「これはライオンですか。」という意味。答えの文の主語はitを使う。「違います」なのでisn't[is not]とする。
② 質問は「あの男性はだれですか。」という意味。男性にはheを使う。
③ 質問は「どちらの鉛筆があなたのものですか，長いものですか，それとも短いものですか。」という意味。答えるときはThe long oneのあとにbe動詞のisを置く。The long one is mine.としてもよい。

❼ ① 「これは」なのでThisで始める。「～ではありません」はis notとする。my notebookをそのあとに続ける。
② 「だれのギター」なのでWhose guitarsで始める。疑問文なのでareを前に置き，these「これらは」を続ける。theseは複数を表す語なので，be動詞はareを使っていることに注意。

❽ ① 「これは～です。」なのでThisで始め，isを

続ける。appleは母音で始まる語なので，a の代わりにanを使うことに注意。

❷「あれは～ですか。」なので疑問文の語順にする。Isで始め，thatを続ける。「あなたの自転車」はyour bike。クエスチョンマークを忘れないようにする。

❸「だれですか」とたずねるのでWhoで始め，isを続ける。「あの少女」はthat girl。答えの文はSheで始め，isのあとに名前Ayaを続ける。

pp.24-25 Step ❸

❶ ❶ This is　❷ Who is
❸ She is

❷ ❶ Are these your books(?)
❷ He is not our teacher(.)
❸ Whose umbrella is that(?)

❸ ❶ イ　❷ エ

❹ ❶ イ
❷ she isn't
❸ 1. **歌人[詩人]**　2. **ダニエル**
3. **放課後**

❺ ❶ This is my father.
❷ Whose bag is that?
❸ This pen is not[isn't] mine.

考え方

❶ ❶「これは～です。」は，This is ～.とする。
❷「～はだれですか。」なのでWho isを入れる。
❸「彼女は～です。」は，She isを使う。

❷ ❶「これらは～ですか。」なので疑問文の語順にする。Areで始め，theseを続ける。「あなたの本」はyour books。
❷「～ではありません」なのでHeのあとにis notを続ける。「私たちの先生」はour teacher。
❸「だれの～ですか。」とたずねるので，Whoseで始め，umbrellaを続ける。疑問文の語順にするのでis thatとする。

❸ ❶ 男の子が「これはオレンジですか。」とたずねている。女性が空所のあとで，「それはレモンです。」と言っているので，「いいえ，違います。」と答える。ア「はい，そうです。」ウ「はい，私はします。」エ「いいえ，あなたはすることができません。」
❷ 男性が「どちらのカップがあなたのものですか，この大きいものですか，それともあの小さいものですか。」とたずねているので，「あの小さいものです。」と答える。ア「それはよいです。」イ「あれはあなたのものです。」ウ「それはアンのものではありません。」

❹ ❶〈in＋服〉で「～を着ている[身につけている]」という意味を表す。「着物を着ているこの女性はだれですか。」という意味の文になる。
❷ ダニエルが「彼女は王女ですか。」とたずね，真央は「いいえ」と答えているので，she isn'tを入れる。2語の指定があるのでis notは入らない。
❸ 1.本文4行目に着目。真央が小野小町について説明している。このSheは本文2行目の「小野小町」を指す。
2.本文5行目に着目。the gameはかるたを指す。
3.本文6行目に着目。真央はかるたについて言っている。

❺ ❶「この人は～です。」と紹介するので，This is ～.とする。「私の父」はmy father。
❷「あれはだれのかばんですか。」とたずねるので，Whoseで始め，bagを続ける。そのあとis that?と疑問文の語順にする。
❸ 主語は「このペン」なのでThis penで始める。「～ではない」なので，is not[isn't]と続ける。「私のもの」はmineとする。

PROGRAM 5 ～ Word Web 3

p.27 Step ❷

❶ ❶ **仕事**　❷ **着ている，身につけている**
❸ **8月**　❹ **同じ**　❺ **重要な，大切な**
❻ spring　❼ travel　❽ family
❾ member　❿ February

❷ ❶ ア　❷ イ

❸ ❶ ㋐　❷ ㋑

❹ ❶ take off　❷ every morning
❺ ❶ enjoys　❷ Does, have

考え方

❶ ❺ つづりが長いので注意。
❻ 文頭でなければ，季節の名前は最初の文字を小文字で書くので注意。
❾ a member of ～で「～の一員」という意味を表す。「その［私の］家族の一員」はa member of the［my］ familyとなる。この場合は，家族の1人を指す。
❿ Februaryはつづりに注意する。
❷ ❶ nowadaysは「今日では，近ごろ」という意味。oの部分を強く発音する。
❷ Novemberは「11月」。1つ目のeの部分を強く発音する。
❸ ❶ Are these ～?とたずねる文なので，複数形の名詞を選ぶ。shoe「くつ」は片方だけを表す。左右で1足なので，ふつうはshoesと複数形で使う。「これらはあなたのくつですか。」
❷ 寒い季節，または月を選ぶ。「冬は寒いです。」
❹ ❶ take off ～で「～をぬぐ」という意味。
❷ 「毎朝」はevery morningで表す。everyのあとの名詞は必ず単数形にする。
❺ ❶ 1文目は「あなたは料理を楽しみます。」という意味。Jennyは三人称・単数なので，enjoyに-sをつけてenjoysとする。「ジェニーは料理を楽しみます。」となる。
❷ 1文目は「ケイには兄［弟］がいます。」という意味。主語が三人称・単数で現在の疑問文は主語の前にdoesを置く。動詞は-(e)sのつかない形を使うのでhaveとする。「ケイには兄［弟］がいますか。」となる。

pp.28-29　**Step ❸**

❶ ❶ studies English　❷ has, same
❸ at home
❷ ❶ Does your sister make lunch(?)
❷ Let's take off our shoes (here.)
❸ Meg doesn't practice the piano (on Sunday.)
❸ ❶ ア　❷ イ
❹ ❶ ウ　❷ Does, enjoy
❸ She's proud of it (too.)
❹ 1. ×　2. ○　3. ○
❺ ❶ John speaks Japanese well.
❷ My mother doesn't like summer.
❸ Does your brother play the guitar?

考え方

❶ ❶ 「英語を勉強する」はstudy Englishで表す。Masakiは三人称・単数なので，studyをstudiesにする。
❷ Saoriは三人称・単数なので，haveはhasに形が変わる。「同じ～」はthe same ～で表す。
❸ 「家で［に］」はat homeで表す。
❷ ❶ 疑問文なのでDoes ～?とする。主語は「あなたの姉」なのでyour sisterを続ける。「昼食を作る」はmake lunchとする。
❷ 「～しましょう。」なので，Let's ～.とする。「～をぬぐ」はtake off ～。「私たちのくつ」はour shoesとする。
❸ 「メグは」なので主語Megで始める。「練習しません」は，doesn'tのあとに「練習する」という意味の動詞practiceを置く。「ピアノを」なのでthe pianoを続ける。
❸ ❶ 男の子が「アンには姉［妹］がいますか。」とたずねている。女の子は空所のあとで「彼女の名前はシェリーです。」と言っているので，アンには姉［妹］がいると考えられる。女の子は「はい，（彼女には）います。」と答えたとわかる。**イ**「いいえ，（彼女には）いません。」**ウ**「はい，（彼女は）そうです。」**エ**「いいえ，（彼女は）違います。」
❷ 女の子が「私はしばしば週末に父といっしょに写真をとります。」と言い，それを聞いた男の子は「ああ，ほんとうに？」と驚いている。「それははじめて知りました。」と答えると流れに合う。new to ～は「～にとって新

しい」，つまり「はじめて知った」という意味になる。ア「はい，(私は)します。」ウ「いいえ，(彼は)しません。」エ「彼は私のおじいさんではありません。」

❹ ① a member of 〜で「〜の一員，メンバー」という意味を表す。

② 主語が三人称・単数の疑問文は主語の前にdoesを置く。「楽しむ」はenjoy 〜で表す。-sをつけないので注意する。

③ she'sが主語とbe動詞になると考える。be proud of 〜で「〜を誇りに思う」という意味。「〜を」にはitを置く。「彼女はそれを誇りにも思っています。」という意味になる。

④ 1. 本文1行目に着目。ダニエルがジェニーについて説明している。
2. 本文2行目に着目。このSheは1行目のJennyを指す。
3. 本文6行目に着目。このItは「ジュニア・セーフティ・パトロールの仕事」を指す。

❺ ① 主語をJohnにする。主語が三人称・単数なので，「〜を話す」はspeakに-sをつける。「日本語」はJapanese，「じょうずに」はwellで表し，文末に置く。

② 「私の母は夏が好きではありません。」という文にする。My motherを主語にし，5語の指定があるので，doesn'tを使う。「(〜が)好きである」はlike。-sはつけないことに注意。「夏」はsummerで表す。

③ 「あなたのお兄さんはギターをひきますか。」という文にする。主語が三人称・単数の疑問文なので，Doesで始め，your brotherを続ける。「ギターをひく」はplay the guitarと表す。楽器にはtheを，文末にはクエスチョンマークをつけることに注意する。

PROGRAM 6 〜 Word Web 4

pp.32-33 Step ❷

❶ ① **映画** ② **1時間，時間** ③ **親**
④ **教える，言う** ⑤ **道，方法**
⑥ **そこで[に，へ]**
⑦ wall ⑧ early ⑨ her
⑩ him ⑪ share ⑫ now

❷ ① **ア** ② **イ**

❸ ① ㋑ ② ㋐ ③ ㋓

❹ ① No ② get up
③ you know ④ next to

❺ ① her ② him ③ ours

❻ ① Because it's[it is] cool.
② It's[It is] September 28.
③ My birthday is February 1.

❼ ① Why does Mike play soccer(?)
② I don't know them(.)
③ These shoes are hers(.)

❽ ① I go to school with him.
② Do you know her?

考え方

❶ ② hourのhは発音しないので，発音はourと同じ。
③ parentは父親か母親のどちらか1人を表す。「両親」と言うときは，-sをつけてparentsとする。
④ 「〜に教える[言う]」と言うとき，tellのあとには目的語になる代名詞(「〜を[に / が]」の形)を置く。
⑧ earlyは時間が早いことを表す。速度が速いということではない。
⑪ shareは「シェアする」というカタカナ語としても使われる。

❷ ① athlete「運動選手，アスリート」はaを強く発音する。
② musician「ミュージシャン，音楽家」は，1つ目のiを強く発音する。最初のuではないことに注意する。

❸ ① acrossは「〜を横切って，〜を越えて」と

いう意味。「私たちは通りを横切って歩きます。」

❷ easilyは「たやすく，手軽に」という意味。「あなたはこの本をたやすく読むことができます。」

❸ Aが「～はどこですか。」とたずねているので，Bは場所を答える。空所の前にon the third「3番目の(上に)」があるので，「階」を表すfloorを選ぶ。「A: 書店はどこですか。」－「B: それは3階にあります。」

❹ ❶ No way!は大きな驚きを表す表現。

❷「起きる」はget upで表せる。

❸ 親しい人に「～だよね。」と言うときは～, you know.を文の最後につける。

❹「～の隣に」と言うときは，next to ～で表す。

❺ ❶ 1文目のmy sister Megは女性なので，「彼女を[に]」を表すherを選ぶ。「こちらは私の姉[妹]のメグです。私は彼女が好きです。」

❷ 1文目のMr. Smithは男性なので，「彼を[に]」を表すhimを選ぶ。「あちらはスミスさんです。私は彼を知っています。」

❸ 2文目の主語Theyが1文目のthese flowersを指すので，「私たちのもの」を表すoursを選ぶと意味が通る。「これらの花を見てください。それらは私たちのものです。」

❻ ❶ 質問は「なぜあなたはこの歌が好きなのですか。」という意味。答えの文はBecauseで始める。this songなのでitにかえ，isを続ける。短縮形のit'sでもよい。「かっこいい」はcoolで表す。

❷ 質問は「今日の日付は何ですか」という意味。日付を答えるとき，主語はitを使う。

❸ 質問は「私の誕生日は5月12日です。あなたの誕生日はいつですか。」という意味。誕生日なのでMy birthday is ～.で答える。「2月1日」はFebruary 1とする。つづりに注意。

❼ ❶「なぜ～ですか」とたずねるので，Whyで始め，doesを続ける。Mikeのあと，「サッカーをする」はplay soccerとなる。

❷ 主語Iで始め，「知りません」は，don't knowと続ける。「彼らを」のthemで終える。

❸ くつ1足は複数形なのでThese shoesとなる。areを続け，「彼女のもの」を表すhersを置く。

❽ ❶「私は」なのでIで始める。「学校に行く」はgo to school。「～といっしょに」はwithで表す。withのあとに代名詞を置く場合は，「～を[に]」の形を用いる。「彼といっしょに」なのでwith himとなる。

❷「あなたは～を知っていますか。」なのでDo you know～?の疑問文にする。「彼女を」はherとし，最後に置く。

pp.34-35 Step ❸

❶ ❶ know him ❷ What's, date

❸ What, there

❷ ❶ This camera is not hers(.)

❷ I like them very much(.)

❸ Why do you read his books(?)

❸ ❶ エ ❷ ア

❹ ❶ Jackson ❷ ウ

❸ 1. 2時間 2. 学校

3. キリン

❺ ❶ I like her too.

❷ Why do you go to school on Sundays?

❸ My birthday is June 5.

考え方

❶ ❷「日付は何ですか」はWhat's[What is] the date?と言う。dateは「日付」という意味。

❸「何をしますか」なのでWhatで始める。「そこで」はthereを使う。

❷ ❶「このカメラは」なのでThis cameraで始める。「～ではありません」なのでis notとする。「彼女のもの」はhers。

❷「私は～が好きです。」なのでIのあとにlikeを続ける。「それらを[に]」の形はthem。「とても」はvery muchとし，文末に置く。

❸「なぜ～ですか。」とたずねるので，Whyで始める。do you readと疑問文の語順を続

け，「彼の本」はhis booksとする。

❸ ① 男の子が空所のあとで「スポーツ店はどこですか。」とたずね，スタッフが「エレベーターに乗って5階まで上がってください。」と答えている。男の子はスタッフに「すみませんが」と声をかけたとわかる。**ア**「これを見てください」**イ**「はい，どうぞ」**ウ**「なるほど」

② 女の子が「美しい花をありがとう。」と言っているので，女性は「どういたしまして。」と答えたとわかる。**イ**「あなたはどうですか。」**ウ**「ほんとうに？」**エ**「はい，私はします。」

❹ ① 本文1行目でエミリーが紹介している。himは「彼を[に/が]」という意味で，話題にのぼった男性をさす。

② beyondは「〜の向こうに」という意味の前置詞。前置詞のあとの代名詞は「〜を[に/が]」の形にするのでthemを選ぶ。

③ 1. 本文3行目に着目。エミリーがジャクソンはどれくらいの時間をかけて学校に行くのかについて言っている。

2. 本文5行目に着目。エミリーがジャクソンは妹といっしょにどこに行くのかについて言っている。

3. 本文6〜7行目に着目。健とエミリーの発言から，サバンナにキリンがいることがわかる。

❺ ①「私も彼女が好きです。」という文にする。I likeのあと，目的語の形のher，「〜もまた」を表すtooと続ける。

②「あなたはなぜ毎週日曜日に学校に行きますか。」とたずねるので，Whyで始める。do you go to schoolと疑問文の語順にし，最後にon Sundaysを置く。

③「私の誕生日は〜です。」なのでMy birthdayで始め，isを続ける。「6月」はJune。

PROGRAM 7 〜 Power-Up 5

pp.38-39 Step ❷

❶ ① **田舎，郊外，国** ② **博物館**
③ **〜の近くの[に]** ④ **飛行機**
⑤ **〜もまた，さらに** ⑥ **例**
⑦ life ⑧ something ⑨ come
⑩ car ⑪ teach ⑫ train

❷ ① × ② × ③ ○

❸ ① ㊤ ② ㋒ ③ ㋑

❹ ① Sounds ② over there
③ show, around ④ lot of

❺ ① in ② For ③ by

❻ ① Yes, there is.
② It is[It's] ten fifty.
③ My sister does.

❼ ① There are three birds on (the roof.)
② How does Takashi come to school(?)

❽ ① There is a zoo in my city.
② How many cups are there on the table?
③ There aren't any koalas here.

考え方

❶ ①「カントリー・ミュージック」などのように，カタカナ語で使うこともある。

② museumはeの部分を最も強く発音することに注意。

⑥ for exampleで「たとえば」という意味を表す。

⑧ somethingはsomething sweet「何かあまいもの」のように，後ろに形容詞を置く。

⑨「〜に[へ]来る」と言うときは，come to 〜となり，toが必要。

❷ ① site「場所」のiは[ai アイ]，ship「(大型の)船」のiは[i イ]と発音。

② check「確かめる」のeは[e エ]，example「例」の1つ目のeは[i イ]と発音。

③ cake「ケーキ」，plane「飛行機」はともにaを[ei エイ]と発音。

❸ ① outside「外は[で，に]」を入れる。「外で昼食を食べましょう。」

② あてはまる名詞はlanguage「言語，こと

ば」。「英語は1つの言語です。」

❸「いつか」はsomedayで表せる。「私はいつかオーストラリアに行きたいです。」

❹ ❶ Sounds fun.で「楽しそうですね。」という意味。It sounds fun.のitが省略されているので，-sが必要ということに注意。

❷「あそこに」はover thereで表せる。

❸「～を案内して回る」はshow ～ aroundで表す。～には「人」を表す語が入る。

❹「たくさんの～」はa lot of ～。

❺ ❶「～(の中)で」と場所を表す。「今，日本では冬です。」

❷ for exampleで「たとえば」。「たとえば，あなたはコアラを見ることができます。」

❸「～で」と手段を表すbyを選ぶ。「私たちは飛行機でそこに行くことができます。」

❻ ❶ 質問は「あなたの町に博物館はありますか。」という意味。「はい」なのでYes,のあとにthere isと続ける。

❷「何時ですか。」という質問。時刻を言うときにはIt is[It's]のあと，「時」と「分」を表す数字を並べて言う。

❸ 質問は「だれが英語を話しますか。」という意味。「私の姉」はMy sisterとし，三人称・単数なので，doesを使う。

❼ ❶「～がいます」はThere areとする。「3羽の鳥」なのでthree birdsと続ける。「～(の上)に」を表すonを置き，the roofにつなげる。

❷「どのように」を表すHowで始め，疑問文の語順に並べる。「学校に来る」はcome to school。

❽ ❶「1つの動物園があります」なのでThere is a zooとする。「私の市には」はin my cityとする。

❷「～はいくつありますか。」なのでHow many ～?の疑問文にする。「カップ」なのでcupsと続け，are thereと疑問文の語順にし，on the tableは文末に置く。

❸ There aren'tで始める否定文の形を作る。「1匹も」のanyを続け，「コアラ」は複数形のkoalasにする。「ここに」はhereとし，最後に置く。

pp.40-41 Step 3

❶ ❶ There is ❷ For example
❸ How many cats

❷ ❶ I have two reasons(.)
❷ Are there any trees in the (park?)
❸ I'd like to talk about my family(.)

❸ ❶ ア ❷ エ

❹ ❶ the Opera House
❷ are
❸ Ken does.
❹ 1. ○ 2. × 3. ○

❺ ❶ There are ten eggs in the box.
❷ What time is it?
❸ How can we go to the station?

考え方

❶ ❶「～があります」はThereで始める。a famous shrineは単数なので，isを使う。

❷「たとえば」はfor exampleで表す。

❸「何匹のネコを」と数をたずねるのでHow many cats ～?の形にする。

❷ ❶「私には～があります。」は「私は～を持っています。」と考える。I haveで始め，「2つの理由」をtwo reasonsと表して続ける。

❷「～はありますか」なので疑問文の語順にする。Are thereのあと，「いくつか木は」はany treesとする。「その公園には」はin the parkとする。

❸「～したい」をていねいに言うときは，I'd like to ～.と表す。「話す」のtalkを続け，「～について」はabout，「私の家族」はmy familyとし，文末に置く。

❸ ❶ 女の子が「私は私のイヌの写真を持っています。」と言っている。男の子が「ああ，それはほんとうにかわいいですね。」と言っているので，女の子は「ここにあります。」と言いながら写真を見せていると考えられる。**イ**「はい，できます。」**ウ**「それはかっこいいですね。」**エ**「楽しそうですね。」

❷ 女性が「あなたはどのように学校に行きます

か。」とたずねているので，「電車でです。」と答える。ア「私の家の近くに。」イ「はい，そうしましょう。」ウ「私はおなかがいっぱいです。」

❹ ❶ このitはエミリーの言った「オペラハウス」を指している。
❷ 空所のあとにmany unique animals「たくさんの独特な動物」とあり，animalsが複数形なので，Thereのあとはareが入る。
❸ 質問は，「だれがグレートバリアリーフを見たいですか。」という意味。本文4行目で健が「私はそれを見たいです。」と言っている。このitは直前のエミリーの発言にあるthe Great Barrier Reefを指すので，見たいと思っているのは健。Kenは三人称・単数なのでdoesで答える。
❹ 1. 本文1行目に着目。エミリーは健にオペラハウスを紹介している
2. 本文1～2行目に着目。健はオペラハウスについて言っている。
3. 本文5～6行目に着目。健の発言は直前のエミリーの発言に対する応答である。

❺ ❶「～があります。」という文で，たまごは複数なので，There are ～.とする。「10個のたまご」はten eggsとして，「その箱の中に」はin the boxと表す。
❷「何時ですか。」とたずねるときは，What time is it?と言う。
❸「どのように」なのでHowで始め，canを使った疑問文の語順を続ける。「その駅に行く」はgo to the stationとする。

PROGRAM 8 ～ Steps 5

pp.44-45 Step ❷

❶ ❶ **必要とする** ❷ **待つ**
❸ **新年** ❹ **ふく**
❺ **浴室，ふろ場** ❻ **伝統的な**
❼ help ❽ all ❾ air
❿ feel

❷ ❶ ウ ❷ ア

❸ ❶ ㋐ ❷ ㋑ ❸ ㋒

❹ ❶ Of ❷ Turn off ❸ Why don't
❹ Can you

❺ ❶ I'm making ❷ Is, playing
❸ are not cleaning

❻ ❶ Yes, she is.
❷ Sorry, I can't[cannot].
❸ I am[I'm] listening to music.

❼ ❶ We are eating lunch (now.)
❷ What is your brother doing(?)

❽ ❶ I am[I'm] studying English now.
❷ The girl is walking with her dog(s).

考え方

❶ ❷ waitはaiを[eiエイ]と発音する。
❸ New Yearは「新年」という意味で，ふつうはそれぞれの語を大文字で始める。
❼ helpは「助ける，手伝う」という意味の動詞と，「助け，手伝い」という意味の名詞がある。

❷ ❶ violin「バイオリン」は最後のiの部分を最も強く発音する。
❷ strawberry「イチゴ」はaの部分を最も強く発音する。

❸ ❶ anythingは否定文で「何も」という意味を表す。「私たちは今，何もしていません。」
❷ readingはread「読む」の-ing形。magazine「雑誌」を入れると意味が通る。「私は雑誌を読んでいます。」
❸ mash「つぶす」を選ぶと，空所のあとのsome potatoesに意味がつながる。「いくつかのジャガイモをつぶしてください。」

❹ ❶ Of course.で「もちろん。」という意味になる。

❷ turn off ～で「(テレビなどを)消す，止める」という意味を表す。

❸ 空所の直後のweに注目。「～しませんか。」と提案するときはWhy don't we ～?と言う。

❹「～してもらえますか。」と相手に依頼するときはCan you ～?で表す。

❺ ❶ 現在進行形の文は〈主語＋be動詞＋動詞の-ing形〉で表す。主語がIなのでamを使う。空所が2つなので短縮形I'mとする。makeの-ing形はeをとってmakingとする。「私は私の朝食を作っています。」

❷ 現在進行形の疑問文はbe動詞を主語の前に出す。「マークはバイオリンをひいていますか。」

❸ 現在進行形の否定文はbe動詞の直後にnotを置く。「その生徒たちはその公園を掃除していません。」

❻ ❶ 質問は「ヘレンは今，皿を洗っていますか。」答えの文は質問と同じbe動詞のisを使う。

❷ 質問は「手伝ってもらえますか。」という意味。3語の指定なので，「申し訳ない」はSorryとし，コンマのあとはI can't[cannot]を続ける。

❸ 質問は「あなたは何をしていますか。」「音楽を聞く」はlisten to music。主語Iにbe動詞のam，-ing形のlisteningを続ける。

❼ ❶「私たちは」なのでWeで始める。be動詞のareのあとeating lunchと続ける。

❷「何を」とたずねるのでWhatで始める。現在進行形の疑問文なのでbe動詞のis，主語のyour brotherと続け，doingを文末に置く。

❽ ❶「私は～しています。」なのでI am[I'm]で始める。「英語を勉強する」はstudy English。studyを-ing形のstudyingにする。

❷「その少女は～しています。」なのでThe girlにisを続ける。walk「歩く」は-ing形のwalkingにする。「いっしょに」を表すwithのあとにher dog(s)を置く。

pp.46-47 **Step ❸**

❶ ❶ are singing ❷ is playing
❸ I'm not

❷ ❶ Are you making dinner(?)
❷ An artist is drawing a picture(.)
❸ What are they doing now(?)

❸ ❶ ア ❷ ウ

❹ ❶ ①coming ③ mashing
❷ イ
❸ 1. No, she isn't.
2. Yes, he can.

❺ ❶ I am[I'm] wiping this table now.
❷ What are you doing now?
❸ Our teacher is not[isn't] using the computer.

考え方

❶ ❶ childrenは複数なのでareを使う。singにingをつけ，singingとする。

❷ Samは三人称・単数なのでisを使う。「(運動を)する」のplayにingをつける。

❸「私は～していません。」なのでI amのあとにnotを置くが，空所が2つなのでI'm notとする。

❷ ❶ 現在進行形の疑問文の語順にする。Areで始め，主語you，動詞makingのあと，dinnerと続ける。

❷ 現在進行形の文なので，主語An artist，be動詞のis，動詞のdrawingと続け，最後にa pictureを置く。

❸「何を」とたずねるので，Whatで始め，疑問文の語順にする。nowは文末に置く。

❸ ❶ 男の子が「あなたは本を読んでいますか。」とたずねている。女の子が空所のあとで，「この本はほんとうにおもしろいです。」と言っているので，「はい，読んでいます。」を選ぶと意味が通る。イ「いいえ，していません。」ウ「はい，します。」エ「いいえ，しません(違います)。」

❷ 母親が「手伝ってもらえますか。」とたのんでいる。男の子は空所のあとで「私は今，忙

しくありません。」と言っているので「わかりました。」が入る。ア「ああ，まさか！」イ「申し訳ありません，私はできません。」エ「いいえ，していません(違います)。」

❹ ❶ どちらも直前がI'mと〈主語＋be動詞〉になっているので，動詞を-ing形にする。comeはeをとって-ingをつける。

❷ ダニエルの質問のあとでヘレンが自分のしていることを答えているので，「何を」とたずねる文にする。

❸ 1.質問は「ヘレンはポテトサラダを作っていますか。」という意味。本文5～6行目に着目。ダニエルの質問に，ヘレンは「いいえ」と答えている。3語なのでisn'tを使う。

2.「ダニエルはお母さんを手伝うことができますか。」という質問。本文1行目と4行目に着目。ヘレンが自分は何をしているか説明したあと，ダニエルが答えている。

❺ ❶「私は～をふいています。」と言うので，I amのあと，wipe「ふく」の-ing形のwipingを続ける。「このテーブル」はthis tableとする。

❷「あなたは今，何をしていますか。」とたずねる文にする。Whatで始め，doingにして現在進行形の疑問文の語順にする。

❸ 主語が「私たちの先生」なのでOur teacherで始まる現在進行形の否定文を作る。三人称・単数なのでbe動詞はisを使う。useはeをとって-ingをつける。「そのコンピュータ」はthe computerと表す。

PROGRAM 9 ～ Steps 6

pp.50-51 **Step ❷**

❶ ❶ **発明する** ❷ **一度，一回**
❸ **(ラテン語の略で)午後** ❹ **～まで**
❺ **もうひとつ[1人]の** ❻ **苦い**
❼ yesterday ❽ stay ❾ people
❿ had

❷ ❶ ○ ❷ ○ ❸ ×

❸ ❶ ㋐ ❷ ㋑ ❸ ㋓

❹ ❶ all day ❷ last week
❸ famous for ❹ take, look

❺ ❶ had ❷ ate ❸ took

❻ ❶ We saw the stars last night.
❷ Did Yuki buy the book?

❼ ❶ Yes, I did.
❷ No, he did not[didn't].

❽ ❶ I cooked dinner last (night.)
❷ The rain didn't stop until (10 p.m.)

❾ ❶ Did you do your homework yesterday?
❷ I went to the park last Saturday.

考え方

❶ ❷ onceはoを[wʌ]と発音するので注意。
❸「午前」を表すa.m.も覚えておく。
❺ anotherはものと人のどちらも表す。
❼ yesterdayは1語で「昨日(は)」という意味を表す。

❷ ❶ tasty「おいしい」のaも，stadium「球場，競技場」のaも[eiエイ]と発音。
❷ people「人々」のeoも，secret「秘密」のeも[iːイー]と発音。
❸ live「住む」の過去形livedのedは[d]，look「見る」の過去形lookedのedは[t]と発音。

❸ ❶ only ～で「たった～だけ，ほんの～」の意味。「あなたはアイスクリームをたった1つだけ食べることができます。」
❷ ～ agoで「(今から)～前に」という意味を表す。「私は3日前にその映画を見ました。」
❸ until ～で「～まで」という意味。「マイクは午前9時まで起きませんでした。」

❹ ❶「一日じゅう」はall dayで表せる。

❷「先週」はlast week。

❸「～で有名である」はbe famous for ～を使い，be動詞を主語に合わせる。

❹「～を(ちょっと)見る」と言うときはtake a look at ～で表す。

❺ ❶ have a great timeで「すばらしい時を過ごす」なので，haveの過去形hadを選ぶ。「彼らは先週の金曜日，すばらしい時を過ごしました。」

❷ 空所の直後のtwo eggsに注目。hadでも「食べた」という意味を表すことができるが，同じ語を2度使えないので，eatの過去形ateを選ぶ。「私は今朝，朝食にたまごを2つ食べました。」

❸ take picturesで「写真をとる」という意味を表すので，takeの過去形tookを選ぶ。「マークは昨日，たくさんの写真をとりました。」

❻ ❶ every night「毎晩」をlast night「昨夜」にかえるので，過去の文にする。seeの過去形はsaw。「私たちは昨夜，その星を見ました。」

❷ 過去の疑問文は主語の前にdidを置き，動詞を原形にする。boughtの原形はbuy。「ユキはその本を買いましたか。」

❼ ❶ 質問は「あなたは昨日，サッカーをしましたか。」という意味。答えるときもdidを使う。

❷ 質問は「タクは彼の自転車を見つけましたか。」という意味。答えるときは主語を代名詞heにかえ，「いいえ」なのでdid not[didn't]と続ける。

❽ ❶「私は」なのでIで始める。cook「料理する」の過去形cookedのあと，「夕食」dinnerを続ける。「昨夜」はlast night。

❷「雨は」が主語なのでThe rainで始める。過去の否定文なのでdidn'tを続ける。「止む」は「止まる」という意味を持つstopを使う。「～まで」はuntilとし，10 p.m.「午後10時」を続ける。

❾ ❶ 過去の疑問文なのでDidで始め，主語のyouを続ける。「あなたの宿題をする」はdo your homework。動詞は原形のままにし，「昨日(は)」を表すyesterdayは最後に置く。

❷ 主語のIで始める。「～に行きました」はgoを過去形にし，went to ～とする。「その公園」はthe park。「先週の土曜日」はlast Saturdayとし，文末に置く。

pp.52-53 Step ❸

❶ ❶ visited, last ❷ didn't like
❸ did, get

❷ ❶ Paul studied math last (night.)
❷ Did you dance together (yesterday?)
❸ Australia is famous for koalas(.)

❸ ❶ エ ❷ ウ

❹ ❶ relaxed ❷ Finnish people
❸ イ
❹ 1. Yes, she did.
2. They invented saunas.

❺ ❶ I bought a[one] bag yesterday.
❷ He did not[didn't] eat breakfast this morning.
❸ What did you do last weekend?

考え方

❶ ❶ visit「訪ねる」の過去形はvisited。「この前の～」はlast ～で表す。

❷ 過去の否定文なので，動詞の前にdidn'tを置く。動詞のlikeは原形。

❸ What time「何時に」のあと，過去の疑問文の形にするので，まずdid，続けて主語Rinを置き，動詞の原形を続ける。

❷ ❶ 主語Paulで始め，動詞の過去形studiedを続ける。「数学」はmath。「昨夜」はlast nightとし，文末に置く。

❷ 過去の疑問文なのでDidのあとに主語you，動詞の原形danceと続ける。そのあとに「いっしょに」のtogetherを置き，「昨日」yesterdayは文末に置く。

❸ 主語Australiaで始める。「～で有名である」はis famous for ～で表す。最後にkoalasを置く。

❸ ❶ 先生が「あなたはこの本を読みましたか。」とたずね，女の子が空所のあとで，「私はそ

れ(＝この本)を先月読みました。」と言って
いるので、「はい, 読みました。」が適切。過
去の疑問文に答えるときはdidを使う。**ア**
「はい, そうです。」**イ**「はい, します。」**ウ**「は
い, できます。」

❷女の子が「私は昼食に1つのサンドイッチと
リンゴを食べました。」と言っている。男の
子は「私はハンバーガーを2つとフライドポ
テトを食べました。」と言っているので、女
の子は「あなたはどうですか。」とたずねたと
わかる。**ア**「あれは何ですか。」**イ**「それはお
いしいですか。」**エ**「あなたは何を意味してい
ますか。」

❹❶美希は1行目の前半で, seeの過去形saw
を用いている。andでつないでいるので,
後半の動詞も過去形にする。relaxは規則
動詞なので, -edをつける。

❷直前のダニエルの発言のFinnish people
「フィンランドの人々」を指す。

❸直前の美希の発言を聞いたダニエルの発言
として自然なのは, **イ**。

❹1.質問は「美希はオーロラを見ましたか。」と
いう意味。本文1行目に着目。

2.質問は「フィンランドの人々は何を発明
しましたか。」という意味。本文2行目に
着目。inventは規則動詞なので, 過去形
は-edをつける。

❺❶buy「買う」の過去形はbought。「1つのかば
ん」はa[one] bagとする。「昨日」yesterday
は文末に置く。

❷過去の否定文にする。主語Heのあとdid
not[didn't]とし, eatは原形のまま使う。「朝
食」はbreakfast。「今朝」はthis morningと
し文末に置く。

❸「あなたは先週末, 何をしましたか。」という
文にする。Whatで始め, 過去の疑問文の
語順なのでdid youと続ける。「する」は原
形のdoを使う。「先週末」はlast weekend
とし, 最後に置く。

PROGRAM 10 ～ Power-Up 6

pp.56-57　**Step ❷**

❶❶考え, アイディア　❷悪い
❸言う　❹出発する, 始める
❺やっと, ついに　❻(絵)はがき
❼finish　❽still　❾sleep
❿young

❷❶○　❷×　❸×

❸❶エ　❷イ　❸ウ

❹❶this morning　❷What's, matter
❸this way　❹Bye, now

❺❶on　❷at　❸with

❻❶I was looking at the postcard at that time.
❷My parents were not[weren't] at home last night.

❼❶Yes, I was.
❷He was in the library (at 3 p.m. yesterday).

❽❶That wasn't a bad idea(.)
❷What were you doing two hours (ago?)

❾❶They were busy last week.
❷Why were you running?

考え方

❶❶ideaはeの部分を強く発音する。
❹❼start「出発する, 始める」とfinish「終え
る」はいっしょに覚えておこう。
❿young「若い」のつづりを間違えないように
注意する。

❷❶make「作る」, come「来る」の過去形
made, cameのaは[eiエイ]と発音。
❷warm「温める, 温かくする」「温かい」のar
は[ɔːr]と発音することに注意。start「出発
する, 始める」のarは[ɑːr]と発音。
❸enough「十分に」のghは[f]と発音, sleigh
「そり」のghは発音しない。

❸❶〈数字＋o'clock〉で「～時」を表す。「8時に
その駅で会いましょう。」
❷How was ～?は「～はどうでしたか。」とい
う意味。terrible「恐ろしい, ひどい」が適

切。「A: テストはどうでしたか。」―「B: それはひどかったです。」

❸ movie「映画」を見る場所なので，theater「劇場，映画館」が適切。「私たちは先週の土曜日，この映画館で映画を見ました。」

❹ ❶「今朝」はthis morningで表す。

❷「どうしたのですか。」はWhat's the matter?と言う。

❸「このようにして」はthis wayで表す。

❹ byeは「さようなら，じゃあね」という意味。手紙などの最後に，別れのあいさつとして書くときはBye for now.とする。

❺ ❶ get on ～で「～に乗る」という意味を表すので，onを選ぶ。「私は7時30分にバスに乗りませんでした。」

❷ at that timeで「そのとき（には）」という意味を表すので，atを選ぶ。「あなたはそのとき眠っていました。」

❸ with a ～ soundで「～な音をたてて」という意味を表すので，withを選ぶ。brokeはbreak「壊れる」の過去形。「その窓は大きな音をたてて壊れました。」

❻ ❶ now「今」をat that time「そのとき（には）」にかえるので，過去進行形の文にする。amの過去形はwas。「私はそのとき，（絵）はがきを見ていました。」

❷ be動詞の否定文は，過去の文でもbe動詞のあとにnotを置く。「私の両親は昨夜，家にいませんでした。」

❼ ❶ 質問は「あなたはそのとき，ふろに入っていましたか。」という意味。過去進行形の疑問文に答えるときもbe動詞を使う。主語がIなのでwasになる。

❷ 質問は「ボブは昨日午後3時にどこにいましたか。」という意味。「（その）図書館に」はin the libraryとなる。

❽ ❶ be動詞の否定文の語順にする。主語は「それは」なのでThatで始め，wasn'tを続ける。「悪い考え」はa bad ideaとする。

❷「何を」とたずねるのでWhatで始め，過去進行形の疑問文の語順〈be動詞(were)＋主語(you)＋動詞の-ing形(doing)～?〉を続ける。「2時間前に」はtwo hours agoとし，文末に置く。

❾ ❶ be動詞を使った過去の文なので，主語Theyのあとwereと続ける。「忙しい」はbusy。「先週」のlast weekは文末に置く。

❷「なぜ」とたずねるので，Whyで始め，過去進行形の疑問文を続ける。be動詞were，主語you，動詞runの-ing形であるrunningの語順となる。

pp.58-59 Step ❸

❶ ❶ was hungry ❷ were enjoying
❸ How was

❷ ❶ The koala was holding on to (a tree.)
❷ Where were they at that (time?)
❸ This bag isn't big enough(.)

❸ ❶ イ ❷ ア

❹ ❶ ① ア ② ウ
❷ イ ❸ freezing
❹ 1. She was at home.
2. Yes, they were.

❺ ❶ My father was tired last week.
❷ We were watching TV at nine (o'clock) last night.
❸ I have three reasons.

考え方

❶ ❶ be動詞の過去の文。主語が単数なのでwasを使う。「おなかがすいて」はhungry。

❷ 過去進行形で表す。主語が複数なのでwereを使い，enjoyを-ing形にする。

❸「～はどうでしたか。」はHow was ～?で表す。

❷ ❶ 過去進行形の語順にする。主語のThe koalaで始める。「～にしがみつく」はhold on to ～で表せるので，be動詞のwasのあとにholdの-ing形holdingを続け，onとtoを順に置く。

❷「どこに」とたずねるのでWhereで始め，疑問文の語順を続ける。「そのとき」はat that timeとする。

❸ 主語This bagで始め，否定文なのでisn't

を続ける。「十分に～」enoughは形容詞bigのあとに置く。

❸ ❶ 母親が「今日は学校で何をしたの。」とたずねているので，エミリーは帰宅して「ただいま。」と言ったと考えられる。**ア**「それでよろしかったですか。」**ウ**「私に従って[続いて]。」**エ**「私は家にいませんでした。」

❷ 男の子が「あなたたちは昨日，公園で踊っていましたか。」とたずねている。女の子は「ほんとうに楽しかったです。」と言っているので，踊っていたとわかる。「はい，私たちは踊っていました。」と，be動詞の過去形を使った答え方が適切。**イ**「いいえ，踊っていませんでした。」**ウ**「はい，踊りました。」**エ**「いいえ，踊りませんでした。」

❹ ❶ どちらもbe動詞の過去形を選ぶ。①のItは単数なのでwas，②のAll her friendsは複数なのでwereを選ぶ。

❷ 直後からネコとイヌが凍えていることがわかるので，What's the matter(?)「どうしたのですか」だと文の流れに合う。**ア**「それはいつでしたか」**ウ**「あれは何ですか」**エ**「これはどうですか」

❸ We'reがあるのでfreezeを-ing形にし，現在進行形の文にする。

❹ 1.「ばばばあちゃんはどこにいましたか。」という質問。本文2行目から，家にいたことがわかる。

2.「動物たちは寒かったですか。」という質問。本文8行目に着目。cold「寒い」を使った発言がある。

❺ ❶ 主語はMy fatherとし，be動詞の過去形wasを使う。「疲れて」はtiredで表す。「先週」はlast weekとし，文末に置く。

❷ 過去進行形の文にする。主語はWeとし，be動詞の過去形wereを使う。「テレビを見る」はwatch TV。watchを-ing形にし，watching TVとする。「昨夜9時に」はat nine (o'clock) last nightとし，文末に置く。

❸「私は3つの理由を持っています。」という文にする。主語Iで始め，haveを続ける。「3つの理由」はthree reasonsとする。複数形の-sを忘れないように注意。

テスト前 ☑ やることチェック表

① まずはテストの目標をたてよう。頑張ったら達成できそうなちょっと上のレベルを目指そう。
② 次にやることを書こう（「ズバリ英語○ページ，数学○ページ」など）。
③ やり終えたら□に✔を入れよう。
最初に完ぺきな計画をたてる必要はなく，まずは数日分の計画をつくって，
その後追加・修正していっても良いね。

目標

	日付	やること 1	やること 2
2週間前	／	□	□
	／	□	□
	／	□	□
	／	□	□
	／	□	□
	／	□	□
	／	□	□
1週間前	／	□	□
	／	□	□
	／	□	□
	／	□	□
	／	□	□
	／	□	□
	／	□	□
テスト期間	／	□	□
	／	□	□
	／	□	□
	／	□	□
	／	□	□

QRコードのページに登録すると，「ぴたリンク」からも表をダウンロードできるよ

テスト前 ✓ やることチェック表

① まずはテストの目標をたてよう。頑張ったら達成できそうなちょっと上のレベルを目指そう。
② 次にやることを書こう（「ズバリ英語〇ページ，数学〇ページ」など）。
③ やり終えたら□に✓を入れよう。
最初に完ぺきな計画をたてる必要はなく，まずは数日分の計画をつくって，
その後追加・修正していっても良いね。

目標

	日付	やること 1	やること 2
2週間前	／	□	□
	／	□	□
	／	□	□
	／	□	□
	／	□	□
	／	□	□
	／	□	□
1週間前	／	□	□
	／	□	□
	／	□	□
	／	□	□
	／	□	□
	／	□	□
	／	□	□
テスト期間	／	□	□
	／	□	□
	／	□	□
	／	□	□
	／	□	□

QRコードのページに登録すると，「ぴたリンク」からも表をダウンロードできるよ

キリトリ線